Cornelia Holzbrecher & Ulrike Reichenbach

ZWILLINGE
geboren...getrennt...gefunden

Eine wahre
deutsch-deutsche
ZWILLINGSGESCHICHTE

HePeLo-Verlag

„du bist vom selben stern,
ich kann deinen herzschlag hören,
du bist vom selben stern wie ich
weil dich die gleiche stimme lenkt
und du am gleichen faden hängst
weil du dasselbe denkst wie ich.“
(aus: „Vom selben Stern“ von Ich + Ich)

Wir widmen dieses Buch unseren Eltern, die uns so liebevoll großgezogen haben.

ISBN 978-3-9811254-3-4

Redaktion: Cornelia Rist
Titellayout: Ulrike Reichenbach, Cornelia Holzbrecher

Printed in Germany von
Druck&Service Garhammer, 94209 Regen

ERSTER TEIL:
GEBOREN UND GETRENNT
(1969 bis 1990)

1. Teil:
Geboren und Getrennt
(1969 bis 1990)

In diesem ehemaligen Kinderheim in Sondershausen begann die Geschichte dieses Buches. Hier verbrachten die Zwillinge Ulli und Conny das erste halbe Jahr ihres Lebens, ehe sie im Herbst 1969 getrennt wurden.

Ulli am 13. September 1969, dem Tag ihrer Adoption, auf dem Schoß ihrer Mutter.

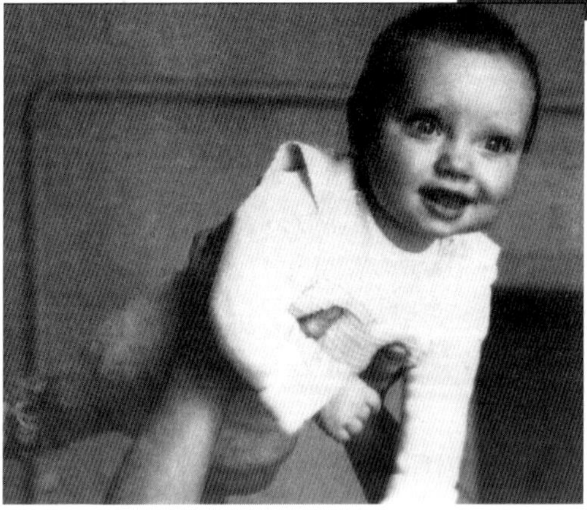

Conny war ein glückliches Kind - das ist eines der ersten Fotos, etwa im Alter von acht Monaten.

Ullis Kinderjahre

Von Sondershausen nach Stendal

Ich bin die Jüngere und Schmächtigere von uns beiden. Geboren am 4. April 1969. Wenige Minuten nach meiner Zwillingsschwester Conny. Größe und Gewicht sind nicht bekannt. Unsere leiblichen Eltern verschwanden kurz nach der Geburt aus unserem Leben. Wir kamen ins Heim. Ich musste nicht lange dort bleiben.
Als ich fünf Monate alt war, nahmen mich meine künftigen Eltern auf, um mich groß zu ziehen. Es war der 13. September 1969. Die Sonne schien. Der Himmel strahlte blau. An diesem herrlichen Tag habe ich eine Familie bekommen. Zwei Wochen vorher hatten meine Eltern den Anruf erhalten.
„Guten Tag, ich bin eine Mitarbeiterin des Jugendamts“, sagte eine fremde weibliche Stimme.
„Bekommen wir jetzt unser Baby?“, dachte meine Mutter in diesem Augenblick. Laut brachte sie nur ein „Jaaaa, bitte?“ heraus.
„Wir haben im Säuglingsheim Sondershausen ein Kind, das zur Adoption freigegeben wurde. Wenn Sie möchten, können Sie es sich anschauen, und gleich mitnehmen, wenn es Ihnen gefällt.“
Meine Mutter war völlig perplex. Sie und mein Vater hatten den Adoptionsantrag erst gestellt und nicht damit gerechnet, schon wenige Wochen

später einen positiven Bescheid zu erhalten. Nachdem meine Mutter den Hörer aufgelegt hatte, rief sie meinen Vater an. „Ein Baby wartet auf uns. Lass uns möglichst bald hinfahren."
Meine Eltern lebten damals noch in Schönebeck, einer Kleinstadt bei Magdeburg. An diesem sonnigen Spätsommertag im September fuhren sie nach Sondershausen. Als sie nach knapp zwei Stunden das Ziel erreicht hatten, begrüßte sie eine Mitarbeiterin des Heimes freundlich und präsentierte mich auf dem Arm. „Das ist das Mädchen", sagte sie.
„Darf ich sie nehmen?", fragte meine Mutter.
„Natürlich", sagte die Schwester und streckte mich ihr hin. Vorsichtig hob mich Mama hoch und drückte mich zärtlich an ihre Brust. Wir mochten uns sofort. Als ich meine Mutter viele Jahre später über unsere erste Begegnung ausfragte, erzählte sie mir, ich habe sie mit großen blauen Augen angekuckt und gelächelt.
„Dein Anblick hat uns die Sprache verschlagen. Wir waren vernarrt in dich, haben dich gewickelt, die ganze Zeit angeschaut und sanft dein Köpfchen gestreichelt", erinnerte sie sich.
Meine Eltern waren glücklich: „Wir haben unser Wunschkind." Solange, bis es um die Formalitäten ging. Eine Krankenschwester, die das Herz am rechten Fleck trug, beichtete meinen Eltern kleinlaut, im Nebenzimmer liege noch eine Schwester des Mädchens.

„Wie, eine Schwester? Wussten Sie das nicht vorher? Zeigen Sie uns das Mädchen mal“, sagte mein Vater bestimmt und war sich sofort sicher: „Das sind Zwillinge.“
Meine Eltern waren verwirrt. Sie hatten mich gefunden und wollten mich nicht mehr hergeben. Aber was sollte mit Conny passieren? Während der Heimfahrt schwirrten Fragen über Fragen in ihren Köpfen. Was sollen wir machen? Können wir es verantworten, die beiden getrennt voneinander aufwachsen zu lassen? Diese Fragen wiederholten sie unzählige Male und fanden keine Antwort. Zu Hause berieten sie weiter. In den nächsten Tagen gab es für sie nur dieses eine Thema. Stundenlang diskutierten sie und überlegten: Was bedeutet es für unser Leben, wenn wir beide adoptieren? Überfordert uns dieser doppelte Kindersegen nicht?
Drei Wochen rangen sie mit sich, spielten alle möglichen Szenarien durch, malten sich ein Leben mit mir allein und mit uns im Doppelpack aus. Dann hatten sie sich entschieden. „Wir möchten beide. Platz ist genug da. Finanziell kommen wir auch gut über die Runden.“ Die anfängliche Skepsis wich der Freude: „Wir werden mit unseren Zwillingen viel erleben.“ Aufgeregt riefen meine Eltern im Kinderheim an und teilten der Heimleitung mit, dass sie auch meine Zwillingsschwester adoptieren wollen. Ahnungslos erkundigten sie sich, welche

Unterlagen noch nachgereicht werden müssten, um auch Conny in Obhut nehmen zu können. „Dieses Kind“, sagte die Frau am anderen Ende der Leitung, „dieses Kind können Sie nicht mehr adoptieren. Es wurde bereits abgeholt und hat ein neues Zuhause im Erzgebirge gefunden.“
Meine Eltern waren fassungslos. „Wie bitte? Das gibt es doch nicht. So schnell wurde es an eine andere Familie vermittelt?“ Mit dieser Wendung hatten sie nicht gerechnet. „Hätten wir schneller sein müssen? Haben wir zu lange gezögert?“, fragten sie sich schuldbewusst. Sie konnten sich nicht erklären, wieso Conny plötzlich nicht mehr da sein sollte. Zumal die diensthabende Kinderschwester meine Eltern bei ihrem ersten Besuch extra darauf hingewiesen hatte, es gebe noch ein Geschwisterchen. Sie rätselten viele Jahre, ließen aber schließlich alles auf sich beruhen und forschten nicht nach. Vielleicht, weil sie insgeheim wussten, das würde nur Unruhe stiften? Würde sonst eine Adoptivfamilie leer ausgehen?
Warum log die Schwester im Kinderheim meine Eltern damals an? Warum behauptete sie, Conny sei schon weg – obwohl sie erwiesenermaßen noch im Heim lebte und erst zwei Monate nach mir zu ihrer Familie in Thüringen kam. Oder ist sie erst über den Umweg einer anderen Familie bei ihren Eltern in Friedrichroda gelandet? Wir wissen es bis heute nicht. Es gibt viele offene Fragen über die Gründe unserer Trennung. Unerklärlich ist uns, weshalb ein solch ungeheuerlicher Vorgang

in der DDR möglich war. Wieso wurden uns 26 Jahre unseres gemeinsamen Lebens gestohlen? Wir werden alle Hebel in Bewegung setzen, um die Wahrheit herauszufinden. Irgendwann werden wir es wissen.

Familienbande

Meine neue Familie nahm mich mit offenen Armen auf. Omas und Opas, Tanten und Onkel sowie die ersten Cousinen erwarteten mich sehnsüchtig. Alle waren gespannt auf das neue Familienmitglied und glücklich, dass es mich nun gab. Im Mittelpunkt meine geliebten Eltern: mein Papa, ein großer schlanker Mann, eine sehr gepflegte Erscheinung mit Vollbart. Ein ausgesprochen herzlicher, korrekter und aufgeschlossener Mensch, der stets ein offenes Ohr für andere hatte. Meine Mama, eine große schlanke Frau mit einem hübschen weichen Gesicht, einer Stupsnase und großen blauen Augen. Eine offene und liebevolle Person. „Ich habe die schönste und beste Mama der Welt", erzählte ich als Kind jedem, der mir über den Weg lief. Ich träumte vor mich hin: „Wenn ich einmal groß bin, will ich so schön sein wie sie."

Meine Eltern arbeiteten beide in einer staatlichen Arztpraxis. Mein Vater als Augenarzt, meine Mutter als Ortoptistin, eine für bestimmte Augenuntersuchungen speziell ausgebildete Medizinisch-Technische Assistentin, die vor allem schielende Kinder betreut.

Meine Eltern wünschten sich ein zweites Kind und adoptierten ein weiteres Baby. Im Alter von zwei Jahren bekam ich eine kleine Schwester. Claudia. Ich liebe sie sehr. Als Kind sah sie nicht nur aus wie ein Junge, sie benahm sich auch so. Sie hatte kurze

Haare und stapfte immer mit hängenden Schultern durch die Wohnung. Ein temperamentvolles Mädchen, das gerne mit Matchbox-Autos, die Verwandte aus dem Westen geschenkt hatten, Rallye fuhr. Ich war von klein auf sehr fixiert auf meine Schwester und hing wie eine Klette an ihr. Wenn sie fröhlich war, war ich es auch. Wenn sie traurig war, war ich es auch. Natürlich stritten wir uns manchmal. Einmal schnitt ich ihr die Haare rappelkurz, spuckte ihr Kaugummi in die Haare und verschmierte die klebrige Masse. „Ulli, spinnst du?“, brüllte sie mich an und fuchtelte drohend mit den Armen. Die meiste Zeit jedoch waren wir ein Herz und eine Seele. Verbotene Sachen reizten uns besonders. Zum Beispiel Fernsehen. Das durften wir lange nicht. Zum Glück gingen unsere Eltern hin und wieder abends aus. Zuvor sagten sie der Nachbarin Bescheid und vergewisserten sich, dass wir eingeschlafen waren. Während wir uns schlafend stellten, warteten wir nur darauf, bis die Wohnungstür zugefallen war. Leise standen wir wieder auf. „Sie sind weg“, flüsterte ich, nachdem ich vorsichtig den Vorhang zur Seite geschoben und aus dem Fenster geschaut hatte. Dann schalteten wir den Fernseher ein, sahen „Tatort“ und „Aktenzeichen XY“. Ohne uns zu gruseln. Wir waren ja zu zweit. Wer es nicht besser wusste, dachte, wir seien leibliche Geschwister.

Wir erlebten eine schöne, unbeschwerte Kindheit. Stendal, Am Mühlenhof 3. Hier verbrachte ich die ersten elf Jahre meines Lebens. Stendal ist mit seinen 37000 Einwohnern recht überschaubar und liegt bei Magdeburg in Sachsen-Anhalt. Wir wohnten direkt neben der russischen Mauer, auf der wir als Kinder oft herumturnten. Der Weg zu unserer Wohnung war mit Kopfsteinen gepflastert. Claudia und ich taten kaum etwas lieber, als von Stein zu Stein zu hüpfen.

Wir hatten eine geräumige Wohnung. 110 Quadratmeter. Viereinhalb Zimmer, wenn man die Veranda dazu zählt. Claudia und ich teilten ein großes, lichtdurchflutetes Zimmer. An den Fenstern hingen sonnengelbe Gardinen. Die zwei Schreibtische, jeweils aus Kiefernholz mit einer weißen Arbeitsplatte, standen am Fenster. Dank unserer Verwandten im Westen hatten wir die schönsten Spielsachen wie Monchichi, Schlümpfe und Barbie-Puppen.

Wir schliefen im Doppelstockbett. Claudia unten, ich oben. Ich konnte nicht alleine einschlafen. Jeden Abend bettelte ich: „Komm', wir legen uns zusammen ins Bett und schlafen zusammen ein. Bitte, tu' mir den Gefallen." Ob bei ihr oder bei mir, war egal. „Ach nein, das ist mir zu eng. Ich will mein Bett für mich alleine haben", klagte sie öfter, als mir lieb war. Um meinen Willen zu bekommen, köderte ich sie mit Geschenken und Versprechungen. „Wenn ich bei dir einschlafen darf, bekommst du meine Stifte, meine Lieblingspuppe..." Alles hätte ich ihr gegeben. Am nächsten Morgen bereute ich meine Großzügigkeit. Hatte Claudia nach hartnäckigen Verhandlungen endlich zugestimmt, und ich mich wie ein Hund eng an sie gekuschelt, stöhnte sie nach spätestens fünf Minuten: „Mensch, Ulli, mir ist das zu nah. Leg' dich bitte ans Fußende. Ich kann so nicht einschlafen." Ihre Reaktion brach mir fast das Herz. Ich wollte doch nur nicht allein sein und neben ihr einschlafen. Ich wollte sie neben mir spüren. Ich weiß, ich tickte damals schon anders. Tief in mir schlummerte die Angst, allein gelassen zu werden. Es gab keinen Grund dafür. Diese Angst war einfach da und begleitete mich 26 Jahre meines Lebens.

Heute, Jahrzehnte später, kenne ich die Ursache für meine Anhänglichkeit. Ich bin ein Zwilling. Das ist der Grund, warum ich mit dem Alleinsein nicht klar kam. Mir fehlte die Nähe zu Conny, die ich im Bauch unserer Mutter neun Monate lang gespürt hatte.

Zelten an der Ostsee

Ich habe schöne Erinnerungen an meine Kindheit. Ich erinnere mich an einen Superpapa. Er arbeitete sehr viel, nahm sich jedoch auch Zeit für seine Familie. Was er versprach, hielt er – wenngleich es Stunden später sein konnte. „Heute ist meine Sprechstunde voll, aber nach der Arbeit gehen wir zusammen ins Schwimmbad“, sagte er frühmorgens zu uns und wir saßen auf Kohlen, wenn er um halb acht immer noch nicht da war. Das Schwimmbad gleich um die Ecke schloss um 20 Uhr. Das störte unseren Vater nicht. Er stand auch um fünf vor acht noch mit uns am Eingang.
„Bitte, lassen Sie uns hinein. Ich habe es versprochen“, sagte er und wiederholte diesen Satz so lange, bis sich die Dame an der Kasse entnervt breitschlagen ließ. „Na gut, aber Sie dürfen nur noch kurz ins Wasser springen. Dann ist Schluss.“
Ich erinnere mich an Familien-Wochenenden. „Heute ruft die Familie“, sagte mein Vater dann lachend, wenn wir am großen Esstisch frühstückten und uns ein Marmeladenbrot schmierten. Wir waren gerne draußen. Das Mietshaus, in dem wir wohnten, hatte keinen Garten. Deshalb legten sich meine Eltern einen Schrebergarten am Stadtrand zu, wo wir erholsame Wochenenden erlebten. Unsere Eltern sind Hobby-Bastler und bauten ohne fremde Hilfe eine Hütte. Claudia und ich hatten unsere

Zimmer oben unter dem spitzen Dach. Sogar an einen kleinen Balkon hatten meine Eltern gedacht. Mutter hatte ihren eigenen kleinen Gemüse- und Obstgarten. Wir pflückten Johannisbeeren und Erdbeeren, die zu Kompott und Marmelade verarbeitet wurden. Pro Schälchen, das bis zum Rand gefüllt war, bekamen wir einen Pfennig. Abends versammelten wir uns am Lagerfeuer auf dem Feld neben unserem Schrebergarten. Das Spiel mit dem Feuer war toll. Im Bach neben dem Garten schwammen Blutegel, vor denen ich mich ekelte. Ich hatte immer panische Angst, ins Wasser zu plumpsen. Natürlich passierte es eines Tages. „Ich komme nicht hoch. Es ist zu steil und glitschig“, rief ich panisch. Claudia holte schnell Hilfe. „Ulli, halte dich da fest“, rief mir Mama zu und zog mich mit einer Harke aus dem eiskalten Wasser.

Das Tor zum Garten war das Tor zu einer schönen Welt. Alles stand still. „Mir geht es so gut. Nur meine Familie und ich. Alle sind da. Ich bin nicht allein. Ach, könnte es nur immer so bleiben“, träumte ich an diesen Tagen. Es war eine geborgene Welt, von der ich nie genug haben konnte. Es war eine glückliche Zeit, an die ich mich jetzt, 30 Jahre später, noch zurücksehne.

Ich erinnere mich an viele Sonntagsausflüge zu Verwandten im Osten. In den Westen durften wir nicht. Die Urlaubsanträge wurden abgelehnt. Wir fuhren zu Oma und Opa nach Stralsund, besuchten meine Cousine in Anklam, einer Kleinstadt an der Ostseeküste, die ziemlich genau in der Mitte zwischen Rügen und Usedom liegt. Mein Vater liebte diese Verwandtenbesuche. Während sich die Erwachsenen über Gott und die Welt unterhielten, spielten wir Kinder im Hof.

Ich erinnere mich an viele Reisen. In den Sommerferien fuhren wir nach Polen, in die Tschechoslowakei und machten Campingurlaub an der Ostsee. Das Zelt bauten wir unter hohen Kiefern auf. Wir flitzten durch den Sand, badeten im Meer und schnitzten Kugelschreiber aus Holz. Wir mussten nur ein senkrechtes Loch hineinbohren und eine Mine hineinstecken. Fertig. „Wir sind die glücklichsten Kinder auf der ganzen Welt", plärrten wir und lauschten dem Echo unserer Stimmen aus dem Wald. Es waren herrliche Tage. In den Ferien waren meine Eltern und meine Schwester nur für mich da. Nur sie und ich. Das Glück war perfekt.

Wenn ich an unsere Urlaube zurückdenke, wird zuallererst die Erinnerung an Kiefernwald wieder lebendig. Ich sehe Zelte und Leinen, über die wir unsere Kleidung hängten. Ich sehe einen Strand und Dünen. Ich höre Kiefernzapfen unter unseren Schuhen knirschen. Ich rieche einen würzigen Duft, so feucht und erfrischend wie ein Kräuter-Gesundheitsbad. Für mich gibt es nichts Schöneres als den Geruch von Kiefern.

Die Angst in mir

Ich war ein glückliches Kind. Unbegreiflich waren daher die Angstattacken, die mich plagten, solange ich mich erinnern kann. Sie waren nicht immer da und doch oft genug, um nie die Erinnerung daran zu verlieren. In den Gedanken an meine Kindheit schwingt auch immer diese Furcht mit. Ich spürte immer wieder eine tiefe Angst in mir, dass mich die liebsten Menschen um mich herum verlassen könnten und ich allein zurückbleiben müsse.

Vielleicht fing es schon in der Kinderkrippe an, in der ich von klein auf betreut wurde, während meine Eltern arbeiteten. War mein häufiges Kränkeln schon ein erstes Anzeichen der Angst? Ein Kind in der Gruppe brauchte nur kurz zu niesen. Schon hatte ich mich angesteckt. Mama musste mich aus diesem Grund regelmäßig in die Praxis mitnehmen. „Zum Glück warst du ein braves Baby", erzählte sie mir Jahre später.

Mit drei Jahren kam ich in den evangelischen Kindergarten. Zwei Kindergärtnerinnen betreuten uns. Schwester Hannelore trug ein Nonnenkleid und versteckte ihre Haare stets unter einer weißen Haube. Schwester Magdalena war die Kräftigere der beiden und sah männlicher aus. Möglicherweise dachten wir das auch nur, weil sie sofort alles reparierte, sobald eine Lampe oder ein Stuhl kaputt gegangen waren. Ich mochte die beiden sehr gern. Ich vertraute ihnen und fühlte mich wohl im

Kindergarten. Besonders schön war Weihnachten, wenn wir ein Krippenspiel aufführten und die Familien begeistert applaudierten. An gewöhnlichen Tagen sangen wir Lieder und die Kindergärtnerinnen lasen uns Geschichten über Gott und Jesus vor.

Meistens wurden meine Schwester Claudia und ich zum Schluss abgeholt. „Glaubst du, sie kommen bald?", sagte ich zu Claudia, wenn wir wieder ungeduldig auf den Stühlen hin und her rutschten. Selten passierte es, dass wir nach einer Stunde immer noch da saßen. Dann nahmen uns Schwester Hannelore und Schwester Magdalena mit in ihre Wohnung, die genau gegenüber vom Kindergarten lag. Nach wenigen Minuten klingelten unsere abgehetzten Eltern und sagten wie aus einem Mund: „Entschuldigung, wir hatten einen Notfall in der Praxis und konnten nicht eher weg."

Mich machten solche Momente traurig. Ich bildete mir ein, meine Eltern würden mich allein auf der Welt zurücklassen, und grübelte, warum alle anderen Kinder pünktlich abgeholt werden, nur ich nicht. Solche Ängste beschäftigten mich sogar noch, als ich beinahe ein Teenager war. Ich fürchtete mich, wenn die Eltern weg mussten oder abends erst sehr spät von der Arbeit nach Hause kamen und auch Claudia nicht da war. Dann fühlte ich mich mutterseelenallein und bekam Panikattacken. Der Bauch tat weh, die Luft blieb weg, das Herz klopfte wild. Ich hatte massive

Angst vor dem Alleinsein. Die Stimmung hellte sich erst auf, wenn wir alle zusammen waren. Erst dann war meine Welt wieder in Ordnung.

Das Quintett

Die Schule war für mich ein schöner Ort. Zunächst jedenfalls. Ich kam mit sieben Jahren in die Rudolf-Hildebrand-Schule in Stendal. Ein schönes graues Gebäude mit verschnörkelter Fassade und Rundbögen. Von den anderen Kindern in der Klasse kannte ich keines, fand aber schnell Anschluss. „Du bist eben ein aufgewecktes Kind“, sagte meine Mutter.

In der Schule hatte ich vier Busenfreundinnen. Bettina fiel mir zuerst auf. Ein liebes, ruhiges und sehr überlegtes Mädchen. Eine, auf die Verlass ist. Ich mochte sie gleich. Eines Tages fragte ich sie spontan: „Hast du Lust, heute nach der Schule mit zu mir zu kommen?“ Sie wollte und ich hatte jemanden bei mir. Das brauchte ich. Wenn ich allein zu Hause in meinem Zimmer saß, war ich unglücklich. „Mama, das ist Bettina. Darf sie heute mit uns essen?“ Meine Eltern hatten nichts dagegen. Sie mochten sie sehr. „Bettina ist ein höfliches, nettes Mädchen“, sagten sie oft. Wenn wir an die Ostsee fuhren, durfte sie meistens mit.

Katrin wusste von klein auf, auf welcher Seite sie steht. Sie war ein Parteikind und engagierte sich als Vorsitzende der Jungen Pioniere. Sie war sehr diszipliniert und selbstbewusst. Bereits als Zehnjährige konnte sie Reden halten wie ein Politiker. Ich bewunderte ihr forsches Auftreten und insgeheim beneidete ich sie auch. Sie war Klassensprecherin und bei den Lehrern sehr angesehen. Damals verstand ich nicht, dass wir in zwei Welten lebten, die nicht zusammenpassten. Auf der einen Seite Katrin, durch und durch mit den Prinzipien der DDR vertraut. Auf der anderen Seite ich, durch und durch christlich erzogen, mit Eltern, die nicht linientreu waren.

Heike, eine hübsche Dunkelhaarige, und mich verbinden viele Gemeinsamkeiten. Wir wuchsen in einem ähnlichen Umfeld auf. Wir hatten beide eine große Westverwandtschaft, besaßen dadurch viele Dinge von dort und hörten zusammen Platten von Dschingis Khan. Wir waren Gleichgesinnte, wodurch ich mich von Beginn an sehr zu ihr hingezogen fühlte. Ich vertraute ihr.

Manuela, eine Kleine mit weiblichen Hüften, war diejenige von uns, die uns ständig um ein paar Nasenlängen voraus war. Sie war als erste verliebt und hatte einen Freund.

Wir waren ein eingeschworenes Quintett, tobten über Wiesen und Felder, bauten Buden und lieferten uns Schneeballschlachten. Wir saßen im Schnee und träumten, wir würden alle Tage unseres Lebens gemeinsam durch dick und dünn gehen.

Sehr geprägt hat mich auch meine erste Lehrerin. Frau Kuballa, eine kleine quicklebendige Frau, die immer Röcke und Blusen trug. Sie konnte sehr konsequent sein, wenn ihr unser Verhalten gegen den Strich ging. Gleichzeitig war sie sehr menschlich, hatte einen ausgeprägten Gerechtigkeitssinn und ein großes Herz. Ich war in der Grundschule eine Einser- und Zweierschülerin. Am meisten Spaß machten mir die Fächer Werken, Kunst und Deutsch. Allerdings konnte es auch anstrengend mit mir werden. Ich stand gerne im Mittelpunkt und hielt es kaum aus, wenn sich nicht alles um mich drehte. Um Aufmerksamkeit zu erhaschen, redete ich im Unterricht dazwischen und lenkte andere ab.

Für meine Eltern, die sich schon in Kindergarten und Kirchenverein ehrenamtlich engagiert hatten, stand außer Frage, dass sie jetzt auch in der Schulgemeinschaft aktiv wurden.

Mein Vater wurde zum Vorsitzenden im Elternrat gewählt und begleitete uns bei jedem Schulausflug. Er hatte viele Fans in meiner Klasse. Ich habe kein Kind getroffen, das ihn nicht mochte. Die meisten fragten mich schon Wochen vorher: „Kommt dein Papa auch wieder mit?“ Wenn es dann soweit war, wurde um seine Gunst gebuhlt. Jedes Kind wollte an der Hand meines Vaters laufen. Das machte mich stolz und froh zugleich. Im Stillen sagte ich mir: „Gott sei Dank muss ich meinen Papa nicht immer mit anderen teilen.“

Viele bunte Smarties

In der Grundschule musste ich erfahren, wie bitter es sich anfühlt, wenn man nicht dazugehört. Meine Eltern nahmen uns ernst, redeten stets offen mit uns. Auch über ihre Ausreisepläne. Sie glaubten nicht an die DDR und erklärten uns, sie wollten das Land verlassen. Den ersten Ausreiseantrag stellten meine Eltern Mitte der siebziger Jahre. Er musste nur noch bewilligt werden. Das konnte dauern. „Wir möchten nicht, dass ihr in einer Diktatur groß werdet. Wir möchten in den Westen, wo wir ein viel freieres Leben haben werden. Es wird nicht mehr so streng zugehen. Wir müssen nicht mehr aufpassen, was wir sagen, und können in alle Länder der Erde reisen“, sagten sie zu Claudia und mir. Was sie meinten, haben wir damals nicht verstanden.

Wir waren gespalten. Einerseits fanden wir es aufregend, in ein fremdes Land zu gehen, das wir nur aus Erzählungen und durch die Geschenke unserer Tanten und Onkel aus dem Westen kannten. Andererseits begriff ich nicht, dass der Ausreiseantrag Konsequenzen für unser gesellschaftliches Leben in der DDR hatte. Warum durfte ich nicht zu den Jungen Pionieren, sondern musste in die Christenlehre? Natürlich gefiel es mir dort und ich hatte angenehme Menschen um mich herum. Doch viel lieber wollte ich ein Pionier sein. „Ich will auch so ein blaues Tuch haben. Fast alle haben eines, nur ich nicht“, maulte ich. „Schatz, mach dir nichts draus. Die Pioniere sind ein komischer Verein und nicht das Richtige für dich“, entgegnete meine Mutter ruhig und machte dabei ein ernstes Gesicht. Ich verstand das nicht. Ich fand die Welt der Pioniere aufregend und war traurig, weil ich nicht dazugehörte. Ich durfte an keinem Fest der Pioniere teilnehmen.

Es war eine verkehrte Welt. Freunde beneideten mich um meine Verwandten aus dem Westen, weil ich Dinge hatte, die es in der DDR nicht gab. Stifte, Puppen, Wrangler-Jeans… Ich dagegen machte mir nichts daraus, Westklamotten zu tragen. Ich hätte gerne eine dunkle Stepke-Jeans gehabt, wie sie viele Kinder in der DDR in den siebziger Jahren besaßen. Außerdem musste ich mir oft Sprüche von Klassenkameraden anhören, wenn sie mich besuchten. „Wie es bei dir aussieht. Da steht ja nur Zeugs aus dem Westen rum.“ Aus den Begehrlichkeiten der Anderen ergab sich in der Schulzeit ein reges Geschäft. Ich tauschte meine Westsachen gegen ihre Ostsachen.

Den Kindern, die bei den Pionieren waren, brachte ich Lieder aus der Werbung bei, die ich im Westfernsehen gesehen hatte. „Viele, viele bunte Smarties“, sangen wir inbrünstig, während wir durch Stendals Straßen schlenderten. Das gefiel uns besser, als Arbeiterlieder zu singen. Wir fühlten uns wie die Größten. Auffallen um jeden Preis! Das war unser Motto. Die Leute schauten uns staunend hinterher. Viele schmunzelten.

„Die DDR kann doch nicht so schlimm sein wie meine Eltern sagen, wenn die Leute bei unserem Gesang noch lächeln können“, dachte ich. Als Kind hinterfragte ich es auch nicht, wenn mein Vater Anrufe von wildfremden Leuten erhielt, die ihn darüber informierten, dass seine Tochter West-Werbeslogans singend durch die Straßen spazierte.
Ein Höhepunkt in meinem Leben als Nicht-Pionier war der 1. Mai 1980. Es war der „Tag der Republik“. An diesem wichtigen Tag marschierten alle Pioniere und FDJ-ler auf den Straßen. Und ich? Ich durfte im Musikzug mitgehen, da ich mich in der vierten Klasse im Fanfarenorchester angemeldet und gelernt hatte, Trompete und Flachtrommel zu spielen. Stolz marschierte ich vormittags um zehn, versteckt hinter einer Trompete, durch Stendals Straßen. Wahnsinn! Ich durfte dabei sein. Es fiel nicht auf, dass ich als Nicht-Pionier nicht wirklich dazugehörte. Ich genoss diese feierliche Atmosphäre und schwärmte meinen Eltern und meiner Schwester Claudia noch lange davon vor.
Eine weitere Geschichte fällt mir ein, bei der die politische Gesinnung meiner Eltern eine Rolle spielte. Die tat im Gegensatz zu der Geschichte mit den Jungen Pionieren aber nicht weh. Es ging um Sport. Ich war ein sehr lebhaftes Kind, das gerne herumtollte. Keine fünf Minuten konnte ich still sitzen. Meine Eltern nannten mich deshalb

scherzhaft „Zappel-Ulli". Sie entschieden, mich in einem Sportverein anzumelden. „Das ist genau das Richtige für sie", sagten sie.
Ich fing mit Ballett an. Nach dem dritten Training gefiel es mir nicht mehr. Alles viel zu streng. Woraufhin ich die Ballettstunden schwänzte, bis es meine Eltern herausfanden und mich auf der Stelle abmeldeten. Danach kam ich zum Geräteturnen. Hier bewies ich Durchhaltevermögen und Disziplin. Ich entwickelte mich zu einer sehr guten Turnerin am Boden und am Barren. Bei Spartakiaden, den Jugendsportwettkämpfen in der DDR, gewann ich einige Gold- und Silbermedaillen. Die Lehrer nahmen meine Eltern beiseite und rieten: „Ihre Tochter ist ein großes Talent. Sie sollten sie zur Sportschule nach Berlin schicken. Dort wird Ulli die bestmögliche Förderung erhalten und turnt vielleicht eines Tages in der Nationalmannschaft."
Um mir diese Chance zu ermöglichen, hätten meine Eltern ihren Ausreiseantrag zurücknehmen müssen. Ein Kind von „Abweichlern" wäre nie aufgenommen worden. „Ziehen wir den Antrag zurück, um Ullis Zukunft nicht zu gefährden?" Die Antwort auf diese Frage fiel nicht schwer. Ich wollte ohnehin nicht an die Sportschule. Ich wäre in Berlin, 200 Kilometer entfernt von meiner Familie, todunglücklich geworden. Ich hätte es vor Heimweh nicht ausgehalten. „Niemals gehe ich von euch und Claudia weg", sagte ich zu meinen Eltern. Damit war die Sache erledigt.

Glückstage

Es war der 4. April 1980. Mein elfter Geburtstag. An diesem Tag wollte ich in der Schule cool aussehen. Ich zog mein orangefarbenes T-Shirt an, das mit einem Löwen bedruckt war. Darunter stand „Kaba". In der dritten Stunde klopfte es an der Tür und plötzlich stand der Schuldirektor, ein Respekt einflößender, stattlicher Mann im Klassenzimmer. „Ulli, kannst du bitte mal mit nach unten ins Sekretariat kommen?", sagte er mit ernster, unbewegter Miene. Ich folgte ihm zwei Stockwerke tiefer in sein Büro und saß ehrfürchtig vor ihm auf einem Stuhl.

„Was hast du denn heute für ein T-Shirt an?", fragte er.

„Ein Löwen-T-Shirt", antwortete ich mit belegter Stimme.

„Ja, das ist klar. Aber was steht da vorne darauf?", wollte er wissen.

„Kaba", antwortete ich.

„Dieses Getränk gibt es in der DDR nicht", erklärte er und fügte streng hinzu: „Du drehst jetzt dein T-Shirt auf links. Dann kannst du zurück in den Unterricht."

Ich tat, was mir der Direktor befohlen hatte. Wie er davon erfahren hatte, dass ich ein „verbotenes T-Shirt" trug, weiß ich nicht. Es kann nur der Lehrer oder ein Mitschüler gewesen sein.

Die Reaktion des Direktors hatte mich ängstlich

gemacht. Kleinlaut und traurig, das T-Shirt verkehrt herum mit den hässlichen Nähten nach außen, ging ich zurück ins Klassenzimmer. Alle lachten, keiner tröstete mich. Ich war allein. Warum lassen mich alle im Stich? Ich hatte einen Kloß im Hals. Da war sie wieder, meine Angst. Ich wollte nur noch nach Hause und bei meinen Eltern und vor allem bei Claudia sein.
Dieses Erlebnis trübte meinen elften Geburtstag. Sonst war er wie immer perfekt. Meistens hatte ich vier oder fünf Kinder eingeladen. Meine Eltern nahmen sich an diesem Tag frei. Mama bereitete unsere Kindergeburtstage liebevoll vor, schob Kirsch- und Marmorkuchen ins Backrohr, dekorierte den großen Esstisch mit Smarties und Luftballons und kochte Spaghetti und Würstchen mit Kartoffelsalat für die hungrige Rasselbande. Papa spielte auf der Gitarre, während wir Lieder sangen. Der schönste Moment kam abends nach dem Essen: Meine Eltern hatten eine Leinwand aus weißen Laken gebaut und das Kinderzimmer zu einem Kino umfunktioniert, wo wir Filme anschauten. Der 4.4. ist immer schon mein Glückstag gewesen, und natürlich ist die Vier meine Glückszahl.

Die Geschichte mit dem Kaba T-Shirt sollte nicht die einzige bleiben, mit der ich in der Schule für Aufsehen sorgte. Ich erinnere mich an eine Szene im November 1982 bei der Trauerfeier für den damaligen sowjetischen Generalsekretär

Breschnew. Obwohl wir schulfrei hatten, mussten wir in der Schule antreten. Ich saß neben Katrin und wir schauten die Gedenkfeier für den verstorbenen Generalsekretär im Fernsehen an. Das zog sich über Stunden hin. Irgendwann rutschte mir eine Bemerkung heraus: „Schade, dass es Breschnew getroffen hat. Wäre doch Honecker gestorben." Unser Lehrer, der bestimmt fünf, sechs Reihen vor uns saß, konnte es nicht selbst gehört haben. Er rief sofort meinen Vater an und schnauzte ihn an. „Wissen Sie eigentlich, was Ihre Tochter eben bei der Trauerfeier für Breschnew von sich gegeben hat?" Mein Vater blieb gelassen. „Nein, ich habe Ulli noch nicht gesehen." Der Lehrer kam in Fahrt. „Sie hat Honecker verunglimpft und ihm den Tod gewünscht. Ich dulde eine derartige Disziplinlosigkeit nicht." Glücklicherweise konnte mein Vater schon immer sehr gut argumentieren. „Das ist ein bedauerliches Missverständnis. Sie hat das nicht so gemeint. Ich kenne meine Tochter. Sie würde Honecker niemals den Tod wünschen. Mit ihrem zugegebenermaßen unüberlegten Satz wollte sie nur zeigen, wie traurig sie über den Tod von Breschnew ist." Papa entschuldigte sich für mein Verhalten und irgendwie gelang es ihm, den Lehrer zu beschwichtigen. Mein Verhalten blieb folgenlos. Der Vorfall wurde nicht in die Akten eingetragen. Wer mich anschwärzte? Ich konnte es mir denken.

Derartige Anrufe waren bei uns keine Seltenheit, weil ich wieder irgendwo meinen Mund nicht halten konnte. Ich empfand mein Benehmen allerdings als nicht so schlimm. In meinen Augen tat ich nichts Verwerfliches. Ich sagte nur oft, was ich dachte, obwohl ich von meinen Eltern gewarnt worden war: „Ulli, sei vorsichtig, was du wem sagst. Unsere Wohnung hat große Ohren." Mutter und Vater lebten in der Überzeugung, die eigenen vier Wände seien verwanzt. An eine Situation erinnere ich mich. Als unser Telefon einmal kaputt war, wollte es Vater reparieren. Dabei entdeckte er einen kleinen Knopf, der da nicht hinein gehörte. „Eine Wanze", flüsterte er und schraubte den Hörer wieder exakt so wie vorher mit dem Knopf zusammen, damit es nicht auffiel. Daraufhin wurden wir zu Hause noch vorsichtiger. Wir wussten, die Stasi schreckte vor nichts zurück.

Geplatzte Träume

Der Traum von einer glücklichen Familie zerplatzte, als ich zwölf Jahre alt war. Es war ein gewöhnlicher Werktag. Claudia und ich waren gerade mit den Hausaufgaben fertig geworden. Gegen halb sechs stand meine Mutter in unserem Zimmer. „Kommt ihr bitte zu uns ins Wohnzimmer. Wir möchten mit euch reden." Meine Schwester und ich blickten uns an und dachten im selben Moment das Gleiche. „Komisch, so offiziell wurden wir doch noch nie zum Gespräch gebeten. Was ist da los? Ist etwas passiert? Ist der Ausreiseantrag endlich durch? Das kann es nicht sein. Das hätten sie uns bestimmt anders mitgeteilt."
Wir gingen ins Wohnzimmer, setzten uns aufs Sofa. Mama hatte in einem Sessel, Papa im anderen Platz genommen. Wir merkten, dass es unseren Eltern nicht leicht fiel, uns die traurige Botschaft zu übermitteln. Die beiden schauten erst sich an, dann uns, bevor Papa schließlich zu reden begann: „Mama und ich haben uns einmal sehr geliebt. Wir haben mit euch beiden das größte Geschenk bekommen und glaubten, wir würden für immer zusammenbleiben. Doch manchmal kommt es anders, als man denkt. Mama und ich werden uns trennen. Wir lieben uns nicht mehr, aber wir versprechen euch, dass wir Freunde bleiben werden." Papa hielt ein paar Minuten inne, strich uns, die wir erstarrt und mucksmäuschenstill

mit weit aufgerissenen Mündern da saßen, tröstend über die Haare, bevor er weiter sprach: „Diese Frage müsst ihr nicht gleich beantworten. Aber ihr solltet euch überlegen, wo ihr künftig leben möchtet. Möchtet ihr bei Papa oder Mama bleiben? Wir werden uns natürlich beide um euch kümmern. Ihr könnt uns sehen, wann ihr wollt. Wir werden immer für euch da sein."

Claudia und ich waren wie gelähmt. Für mich brach eine Welt zusammen. Meine über alles geliebte Familie war zerrissen. Unbemerkt. Lautlos. Nichts hatte darauf hingedeutet, dass die Ehe meiner Eltern am Ende war. Streitereien zwischen den beiden hatte es kaum gegeben. Oder wurden wir nur keine Augenzeugen, weil beide den ganzen Tag in der Praxis waren? Unsere Eltern hatten sich einfach in den Jahren auseinander gelebt, hatten sich nicht mehr viel zu sagen. Sie wollten so nicht weiter leben. Nebeneinander, aber nicht miteinander. Sie beschlossen, getrennte Wege zu gehen. Claudia und ich waren von einem Tag auf den anderen Trennungskinder.

Zunächst änderte sich nicht viel. Vater und Mutter lebten weiterhin unter einem Dach, schliefen lediglich in getrennten Betten. Vaters Arbeitszimmer wurde zum Wohn- und Arbeitsraum umgeräumt. Wir stellten ein Bett hinein und leerten ein Bücherregal, um es in den Keller zu tragen, damit es in dem etwa 20 Quadratmeter großen Zimmer nicht zu eng wurde. Mutter behielt das Schlafzimmer für sich alleine. „Wir lassen das erst einmal so, bis jeder eine geeignete neue Wohnung gefunden hat", sagte Mama. „Vielleicht war das doch nicht das Ende?", hofften Claudia und ich insgeheim und beteten, sie würden kein neues Zuhause finden oder, was noch viel besser gewesen wäre, sie würden wieder zueinander finden. Wir stellten uns in dieser Phase auch nie die Frage „Bei wem wollen wir leben?" Wir wollten bei beiden sein. Ich glaube, wir nahmen die Trennung nicht wirklich wahr, da bis auf ein paar räumliche Änderungen alles beim Alten blieb. Für uns existierte unsere Familie weiterhin. Es sollte nur ein vorübergehender Zustand bleiben.

Die Ehe meiner Eltern war kaputt. Meine Eltern wollten sich scheiden lassen. Ich bekam davon nichts mehr mit. Nicht in der DDR. Uns sollten nur noch vier Monate in Stendal bleiben. Was dann passierte, war ein Albtraum.

Es gibt keine gemeinsamen Babyfotos der beiden Zwillinge. Oben sehen wir Conny mit keckem Blick in die Kamera. Unten Ulli auf ihrer Kuscheldecke. Beide sind zu diesem Zeitpunkt ungefähr ein halbes Jahr alt.

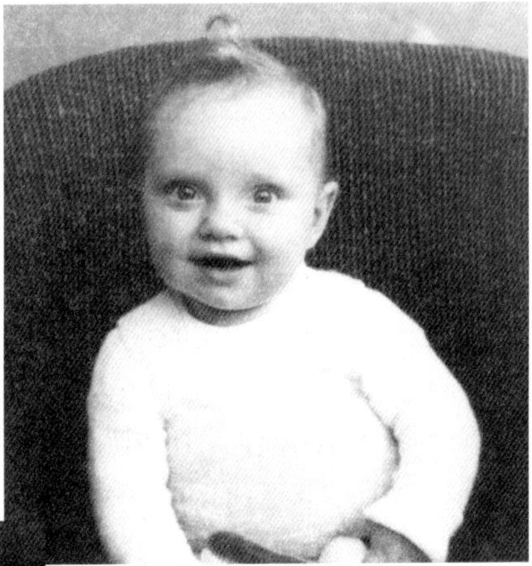

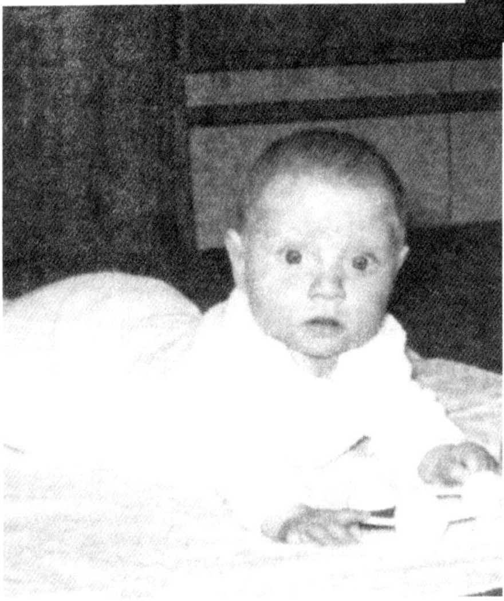

Connys Kinderjahre

Von Sondershausen nach Friedrichroda

Es war im November 1969, ein trüber Tag. Kurz nach 11 Uhr klingelte bei meinen Eltern das Telefon. Eine Bekannte meiner Mutter, die beim Jugendamt Eisenach arbeitete, war am Apparat. „Ich habe ein Schreiben bekommen, in dem steht, dass in Sondershausen ein Baby zur Adoption freigegeben wurde. Wollt ihr es euch anschauen?" Eigentlich hatten meine Eltern bereits eine Zusage: Sie warteten auf ein Kind aus Eisenach, das noch im Bauch einer jungen Frau war. Sie wussten, dieses noch ungeborene Baby wäre ihnen sicher. Mich aber würden sie ein paar Monate früher bekommen. Deshalb zögerten sie nicht, setzten sich in ihren Wartburg Tourist, unser Postauto, wie wir den Kombi wegen seiner knallgelben Farbe später nur noch nannten, und fuhren die 70 Kilometer von Friedrichroda nach Sondershausen, um mich zu sehen. Im Kinderheim wurden sie freundlich empfangen. Eine Krankenschwester öffnete die Tür und führte meine Eltern in einen kleinen Raum. „Warten Sie bitte einen Moment." Nachdem sie die Tür wieder hinter sich geschlossen hatte, dauerte es keine zehn Minuten, bis sie mit mir auf dem Arm wiederkam. Ich war sieben Monate alt, hatte blaue Kulleraugen und Pausbacken. Ich galt als

pflegeleicht, was meine Mutter einige Zeit später bestätigte.
„Du warst sehr unkompliziert, hast viel geschlafen und kaum geweint“, erzählte sie über meine Babyjahre. Mama war von der ersten Sekunde an hin und weg. „Das ist unser Kind“, sagte sie feierlich, und ich glaube, sie konnte nur mühsam die Tränen zurückhalten.
„Dürfen wir Conny gleich mit nach Hause nehmen?“, fragte meine Mutter.
„Klar, ich mache nur schnell die Papiere fertig“, antwortete die Krankenschwester.
Eine andere Krankenschwester lief mit entschlossenen Schritten den Gang entlang und plapperte leise vor sich hin: „Ah, jetzt wird die Zweite abgeholt.“
Meine Mama schnappte den Satz auf. „Wie, die Zweite?“, erwiderte sie erstaunt.
„Das dürfen wir nicht sagen, das unterliegt der Schweigepflicht“, sagte die Krankenschwester schnell.
Obwohl sie nachfragten und es genauer wissen wollten, haben meine Eltern nicht erfahren, wie dieser Satz gemeint war. Vergessen haben sie ihn nie! Überglücklich, aber mit einem unguten Gefühl im Bauch, fuhren sie nach Hause. Erst 26 Jahre später sollten meine Eltern und ich von der Existenz meiner Zwillingsschwester erfahren.
Warum wurden wir als Babys im Heim auseinandergerissen? Diese Frage treibt uns um. Über die Umstände unserer Trennung können wir

nur spekulieren. Unsere Nachforschungen sind im Sand verlaufen. Ehemalige Krankenschwestern und Jugendamts-Mitarbeiter können sich an keine Zwillinge erinnern. In den Akten steht nichts über den Vorfall. Vermutlich hatte uns die Heimleitung von vornherein zwei Familien versprochen. Vielleicht hätten wir zu zweit keine Chance gehabt, adoptiert zu werden. Ich vermute, ich war vorher schon bei einer anderen Familie, da meine Schwester zwei Monate vorher das Heim verließ, und das Schreiben einen Tag, bevor ich geholt wurde, meine Eltern erreichte. Außerdem hatten sich Ullis Eltern nach mir erkundigt und erfahren, ich sei schon im Erzgebirge. Diese Ungewissheit bereitet mir Kummer. Ich möchte die Wahrheit herausfinden.

Familienglück

An diesem 11. November 1969 unternahm ich als sieben Monate altes Baby meine erste Reise nach Friedrichroda, einem beschaulichen 5400-Seelen-Luftkurort zwischen Eisenach und Erfurt. Ich hatte eine Familie. Einen Papa, groß und schlank, mit dunkelblonden, leicht gewellten Haaren, ein sehr sportlicher, bodenständiger und ruhiger Typ. Eine Mama, hochgewachsen, schlank, durchtrainierte Figur, lange schwarze Locken, die sie oft zum Pferdeschwanz zusammenband. Eine sportliche und quirlige Frau. Meine Mutter ist in Friedrichroda geboren. Mein Vater stammt aus Rauenstein in Thüringen. Die beiden hatten sich über einen Schulfreund kennen gelernt und Hals über Kopf verliebt. Das war Mitte der fünfziger Jahre gewesen.

Mama machte gerade ihre kaufmännische Ausbildung in Hannover. Als 1961 die Mauer gebaut wurde, überlegte meine Mutter: „Soll ich im Westen bleiben oder in den Osten zurück?“ Die Sehnsucht nach dem Osten, nach dem vertrauten Umfeld, nach Familie und Freunden, war stärker. Sie entschied sich, anders als einige Tanten und Onkel, die sich zu der Zeit aus beruflichen oder familiären Gründen in Wuppertal, Coburg oder Bayreuth aufhielten. Sie kehrte zurück in ihren Heimatort und heiratete meinen Vater.

In Rauenstein bauten sie sich ihr gemeinsames

Leben auf. Mein Vater war Klempnermeister. Er arbeitete zu DDR-Zeiten nicht in einem volkseigenen Betrieb, sondern eröffnete eine Firma, in der er fünf Mitarbeiter beschäftigte. Das Geschäft lief sehr gut. Papa hatte fast nur Privatkunden. Ich habe nie jemanden kennengelernt, der nicht von seiner Zuverlässigkeit, Gewissenhaftigkeit, Schnelligkeit und der Qualität seiner Arbeit begeistert war. Meine Mutter hatte sich zu Hause ein kleines Büro eingerichtet und erledigte die Schreibarbeiten für die Firma. Einen Tag in der Woche arbeitete sie bei der staatlichen Versicherung als kaufmännische Angestellte.

Finanziell ging es uns in der DDR gut. Das hatten wir zum Großteil unseren Verwandten aus dem Westen zu verdanken. Sie schickten uns regelmäßig Pakete mit Kleidung, Kosmetik und Lebensmitteln. Ich freute mich über Monchichi und Westklamotten. Konnte mein Vater nicht genügend Material für seinen Betrieb beschaffen, brachten sie einfach Fliesen mit, wenn sie uns in Friedrichroda besuchten.

Ferien am Stechlinsee

Als Kind lebte ich in einer schönen Welt. Mich umsorgten liebevolle und großherzige Eltern, in ihre Enkelin vernarrte Großeltern und Onkel, Tanten, Cousinen und Cousins, die zusammen fast zwei Fußballmannschaften ergeben hätten. Bevor wir ein paar Straßen weiter ins neu gebaute Haus zogen, wohnten wir die ersten acht Jahre bei meinen Großeltern.
Das Haus meiner Großeltern ist eine hübsche, zartgrün verputzte alte Villa. Im Garten dahinter stehen Äpfel- und Kirschbäume. In einer Ecke hatte Großmutter ein Gemüsebeet. Bei Oma Marie und Opa Rudi war immer was los. Großmutter war eine korpulente, gutmütige Frau und betrieb eine Pension. Großvater, ein großer, herzensguter und geduldiger Mann, hatte eine KFZ-Werkstatt und war für mich seit einer Tumor-Operation der „Opa mit einem Loch auf der Stirn".
Während meine Großeltern auf einer Etage lebten und eine für Gäste nutzten, wohnten wir in der dritten. Im Keller hatte mein Vater seine Klempner-Werkstatt eingerichtet. Unsere Wohnung bestand aus einem großen Wohnzimmer, zwei Schlafzimmern und einer Küche, von der eine Tür zu einem kleinen, braun gefliesten Bad führte. Ich hatte ein circa 20 Quadratmeter großes Zimmer neben dem Schlafzimmer meiner Eltern. Es war eingerichtet mit hellen Holzkommoden und -schränken.

Bei jedem Schritt knarrten die Holzdielen unter den Füßen. Kunterbunte Lampen sorgten für ausreichend Licht. Ich liebte den Würfel, den mein Vater aus Blech geschweißt, und meine Mutter mit Schaumstoff bezogen und mit Zahlen bestickt hatte. Zu Hause duftete es mittags und abends immer nach Essen. Es roch nach Braten, Kraut und Kartoffeln. Ich half meiner Mutter beim Kartoffelschälen und beobachtete fasziniert, wie sie diese dann rieb und zu Klößen formte. Das Essen bei Mutter schmeckte lecker.
Während der Woche sah ich meinen Vater kaum. Wenn er von der Arbeit nach Hause kam, schlief ich meistens schon. Das Wochenende war für die Familie reserviert. Da gehörte Papa mir. Wir liebten die Natur und hatten direkt vor unserer Haustür die schönste Idylle. Wie mit dem Pinsel hingetupft liegt Friedrichroda eingerahmt von vielen Bergen in einem Tal. Nur ein paar Kilometer entfernt liegt Oberhof, wo jedes Jahr Biathlon-Weltcup-Rennen stattfinden. Wir gingen im Klosterpark spazieren, wanderten durch den Thüringer Wald, picknickten an Bächen im Schatten von Kiefernbäumen, oder wir kletterten über Felsen und sammelten Pilze. „Schau', da sind Steinpilze", sagte mein Vater zu mir, wenn wir fündig geworden waren. Durch ihn lernte ich alle einheimischen Pilzsorten, von Maronen bis Rotkappen, voneinander unterscheiden. An man-

chen Tagen schnitzten wir Flöten aus Ebereschen. Wir besichtigten Sehenswürdigkeiten wie die Marienglashöhle, eine der größten Gipskristallgrotten Europas.
Urlaub stand im Osten hoch im Kurs. Wir fuhren zweimal im Jahr weg. Im Winter machten wir drei Wochen Skiurlaub im Erzgebirge. Im Sommer verbrachten wir drei Wochen am Stechlinsee, der inmitten der mecklenburgischen Seenplatte circa 60 Kilometer nördlich von Berlin liegt. Immer mit dabei: mein Patenonkel Werner, der älteste Bruder meiner Mutter, und Tante Jutta mit ihren Kindern. Unsere Unterkunft befand sich in Mecklenburg, wo meine Eltern ihre Flitterwochen verbracht hatten. Ein kleines Dorf mitten im Kiefernwald. Wir mieteten eine Ferienwohnung in einem Künstlerhaus, ließen uns in der Sommerfrische treiben und machten ausgiebige Radtouren. Nie wieder habe ich in einem so sauberen und klaren See gebadet.
Die Tage am Stechlinsee waren die schönsten meiner Kindheit. Hier gab es nur den Geruch von Wald und Gras. Hier gab es nur meine Eltern und mich. Hier drehte sich alles ausschließlich um mich. Es war eine heile Welt. Das mag der Grund sein, warum mich Kieferngeruch noch heute glücklich macht. Dieses frische würzige Aroma erinnert mich an eine unbeschwerte Kindheit. Es ging uns gut. Meine Eltern liebten mich bedingungslos. Ich war ihr ganzer Stolz. Niemals hätte ich gedacht, dass es nicht meine leiblichen Eltern sind.
Unser Leben war geprägt von einem starken

Familiensinn. Wir trieben zusammen Sport, bastelten und sangen Lieder. Vor dem Einschlafen wurden Gute-Nacht-Geschichten vorgelesen. Wir hatten feste Rituale. Dazu zählte das gemeinsame Frühstück am Wochenende. Um acht saßen wir alle am gedeckten Tisch. Samstags wie sonntags. Als Teenager beneidete ich meine Freundinnen, deren Mütter nach einer Party morgens um zehn behutsam an die Tür klopften und das Frühstück ans Bett brachten. Das gab es bei uns nicht. „Wer nachts feiern kann, kann auch aufstehen“, sagte meine Mutter augenzwinkernd, wenn ich mich beschwerte.

Ich bin in einem protestantischen Haushalt aufgewachsen. Meine Eltern gehörten nicht zu denen, die jeden Sonntag in die Kirche gingen, aber für sie waren christliche Werte sehr wichtig. Sie brachten mir bei, sich anständig zu benehmen. Aus mir sollte ein höflicher, fleißiger, hilfsbereiter und gewissenhafter Mensch werden.

Manchmal war ich unglücklich. Denn irgendwo war da etwas. Etwas, das ich mir viele Jahre hindurch nicht erklären konnte. Etwas, das nicht zu meinem fröhlichen Naturell passte. Ich war ein ängstliches Kind. Am meisten fürchtete ich mich vor dem Alleinsein. Ich wünschte, meine Eltern wären nie ohne mich irgendwohin gegangen. Sie sollten immer bei mir sein. Sobald sie nicht in meiner Nähe waren, fühlte ich mich seltsam. Ich hatte einen Kloß im Hals, mein Magen grummelte, meine Hände wurden feucht und ich wurde unruhig. Wenn auch nur einer von beiden weg musste, und war es nur für eine halbe Stunde, geriet ich in Panik. Nachts kroch ich verängstigt mit meinem Teddy und einer Wärmflasche auf dem Bauch unter die Bettdecke. Bevor ich nicht eingeschlafen war, durfte die Lampe nicht ausgeschaltet werden. Obwohl ich Oma Marie und Opa Rudi sehr lieb hatte, blieb ich nur selten alleine bei ihnen.

Wann kommt Mama wieder? Holen mich meine Eltern auch wirklich wieder ab?

Wie lange lassen sie mich alleine?

Diese Fragen ratterten in meinem Kopf. Meine Mutter kostete das viel Kraft, da sie mich kaum abgeben konnte. Wenn sie zu Hause einen Bürotag einlegte, verlangte ich ihre Aufmerksamkeit. Musste sie mal weg, quengelte ich: „Mama, bleib' hier, bitte." Meistens solange, bis sie sich erbarmte und entweder zu Hause blieb oder mich überallhin mitnahm.

Diese Ängste blieben mir viele Jahre ein Rätsel. Sie hatten sich angefühlt wie eine rasante Achterbahnfahrt, bei der man kräftig durchgeschüttelt wird und nicht weiß, ob man gesund am Ziel ankommt. Es war die Angst, verlassen zu werden. Dieses unangenehme Gefühl verflog erst, nachdem ich meine Zwillingsschwester getroffen hatte. Seit ich Ulli habe, kann ich wieder richtig glücklich sein.

Das Puppenhaus

Ich wollte kein Einzelkind bleiben. Ich wollte eine Schwester, die immer für mich da sein sollte. Sie sollte so sein wie ich: aufgeweckt, kreativ und mitteilsam. Das Aussehen war mir egal. Ich ging meinen Eltern auf die Nerven und löcherte sie mit der immergleichen Frage: „Wann bekomme ich ein Geschwisterchen? Bitte, ich will eine Schwester. Bitte!"
„Das geht jetzt nicht. Vielleicht irgendwann mal", wurde ich vertröstet.
Um mir das Leben ohne Schwester erträglicher zu machen, erfand ich eine. Ich vertraute ihr meine Geheimnisse an, stritt mit ihr und teilte mit ihr Bonbons.
Zum Glück wohnte mein Cousin Andreas nebenan. Er machte mir die Sehnsucht nach einer Schwester ein wenig leichter. Wir spielten zusammen und fanden es cool, im Garten mit Streichhölzern zu zündeln und auf dem Roller abzuhauen. Die Schelte unserer Eltern vergaßen wir schnell wieder. Als er nach ein paar Jahren wegzog, war ich sehr traurig. Ich fühlte mich verlassen.
Meine Eltern fanden mein Verhalten sonderbar. Sie konnten sich nicht erklären, warum ich eine Schwester erfand und es kaum eine Minute ohne Menschen um mich herum aushielt. „Conny muss mehr unter Kinder", waren sich meine Eltern einig und beantragten einen Kindergartenplatz.

Da mein Vater als Selbständiger nicht dem Staat untergeordnet war, hatten wir zunächst Pech. Alle Plätze waren an Kinder von Mitarbeitern volkseigener Betriebe vergeben. Kurz darauf erfuhr mein Vater, dass der Kindergarten dringend einen neuen Waschraum benötigte, und nutzte seine Chance. Er bot höflich seine Hilfe an, installierte zügig Boiler und Waschbecken. Nach dem Motto „Eine Hand wäscht die andere" wurde ich noch für ein Jahr aufgenommen. Ich war gerne im Kindergarten. Ich war verrückt nach Kindern. Ich hatte nette Spielgefährten und fiel positiv im Malen auf. „Meine Bilder werden alle ausgestellt", rief ich meiner Mutter stolz zu und lief in ihre Arme, wenn sie mich abholte. Leider malten wir die immergleichen Motive: rote Arbeiterfahnen, Mutti und Vati im Betrieb.

Doch eines Tages, ich weiß nicht mehr genau, wann und wieso, war sie wieder da. Urplötzlich. Ohne Anlass. Wie aus dem Nichts. Diese Unruhe, die mich fast benommen machte. Diese Sehnsucht, die immer stärker wurde. Irgendetwas vermisste ich. Was war es nur? Ich fühlte eine Leere, die ich nicht beschreiben konnte. Niemand konnte sie füllen. Auch nicht meine innig geliebten Eltern. Obwohl ich nicht einsam war, kam ich mir einsam vor. Ich fühlte mich unvollständig, schwach und krank. Ich fühlte mich wie ein halber Mensch. Ich war nicht glücklich.

Als ich vier Jahre alt war, schenkten mir meine Eltern zu Weihnachten ein Puppenhaus. Es war

selbst gebaut, hatte einen flauschigen hellen Teppich, elektrisches Licht, fließendes Wasser und eine echte Türklingel. Dazu erhielt ich viele kleine Puppen: eine Mutter, einen Vater, ein Baby, einen Jungen und Zwillinge mit braunen Haaren und roten Kleidern. Endlich hatte ich meine Traumfamilie, eine Großfamilie mit Eltern und vielen Kindern. Ich spielte zu Hause stundenlang mit den Puppen, redete mit ihnen, zog sie warm an, kochte ihnen Suppe. Komischerweise umsorgte ich am stärksten die Zwillinge. Ich nahm um mich herum nichts mehr wahr. Nur noch die Puppenfamilie und ich existierten. Merkwürdigerweise gab ich vielen Puppen keinen Namen.
Ich durfte allerdings nur im Winter mit dem Puppenhaus spielen. Es war für mich ein Festtag, wenn es meine Eltern Jahr für Jahr am 1. Advent aus dem Keller holten und in meinem Zimmer aufstellten. An Ostern wurde es wieder sorgfältig verstaut. Das Puppenhaus besitze ich noch. Es ist ein Schatz meiner Kindheit.

Die Ähnlichkeit ist verblüffend. Oben rechts Ulli mit weit aufgerissenem Mund - und unten in der Mitte Conny, in ähnlicher Pose.

Tine und ich

Im Alter von fünf Jahren lernte ich meine erste richtige Freundin kennen. Als ich eines Tages vom Kindergarten nach Hause kam, spielte ein Mädchen vor unserem Haus.
„Wie heißt du?“, fragte ich sie.
„Ich bin Tine und wohne da drüben“, antwortete sie und zeigte auf das Haus schräg gegenüber.
Sie war das Beste, was mir je zuvor zufällig über den Weg gelaufen war, und wurde in den nächsten Jahren meine Busenfreundin. Tine war ein burschikoser Typ. Ein natürliches und furchtloses Mädchen. Wir waren wie Jungs, kletterten auf Bäume, bauten Baumhäuser, wateten durch den Bach, fingen Forellen und liebten es, Hüpfgummi zu springen. Tine hatte Geschwister. „Meine zwei Brüder gehen mir auf den Wecker. Ich muss mit ihnen das Zimmer teilen und sie ärgern mich ständig“, beschwerte sie sich oft. Während sie das sagte, wurde ich neidisch, und dachte: „Die hat es gut. Sie ist nie alleine und hat immer jemanden zum Spielen.“ Besonders mies fühlte ich mich, wenn wir wegen irgendeines Quatsches stritten. In solchen Momenten schimpfte ich unglücklich vor mich hin: „Ich bin wieder die Dumme und alleine. Tine hat ja noch ihre Brüder. So eine Ungerechtigkeit!“
Im Spätsommer 1975 wurden wir beide eingeschult. Ich war froh um Tine, da ich auf diese

Weise nicht so allein unter lauter unbekannten Gesichtern war. Wir gingen zusammen zur Schule und zusammen nach Hause. Nachmittags spielten wir, bis es dunkel wurde, im Garten. Manchmal klingelte Tine bei mir und fragte schüchtern, ob sie Tom Sawyer anschauen dürfe. Fernsehen war bei ihr zu Hause tabu. Ich sagte nie nein und spielte in der Zwischenzeit in meinem Zimmer. Es war eine schöne Zeit.

Tine ging nach der fünften Klasse auf die Oberschule, studierte Mathematik und ist heute Lehrerin. Ich blieb in Friedrichroda, machte eine Ausbildung und bekam früh Kinder. Wenn sie auf Familienbesuch hier ist, treffen wir uns, plaudern über ihren Job, über meine Familie. Viel haben wir uns nicht mehr zu sagen. Aber uns verbindet zu viel, als dass wir den Kontakt ganz abreißen lassen möchten.

Der erste Schultag war ein aufregender Tag. Was würde mich erwarten? Mein quietschgelber Schulranzen aus Leder stand bereits Tage vorher fertig gepackt im Flur. An der Hand meiner Eltern betrat ich an diesem Morgen zum ersten Mal die Friedrich Buschmann-Grundschule in Friedrichroda.

Tine und ich kamen in die Klasse 1b. Im Klassenzimmer standen das Lehrerpult und fest geschraubte Holzbänke mit einer schrägen Arbeitsplatte. Wir setzten uns nebeneinander in die erste Reihe vorne rechts. 28 Kinder wurden in unserer Klasse unterrichtet. Unser Lehrer machte einen sehr strengen Eindruck auf mich. Herr Schellenberg, ein älterer grauhaariger Herr, sah in seinem weißen Kittel aus wie ein Doktor. Erhobenen Hauptes stolzierte er mit ausziehbarem Zeigestock, den er in der rechten Hand hielt, durch die Reihen, schaute streng durch seine Brille und flößte uns schon allein durch seine klare, tiefe Stimme Respekt ein. Der Zeigestock hatte nur symbolischen Charakter. Nie benutzte er ihn, um einem Kind zur Strafe auf die Finger zu hauen. Herr Schellenberg brachte mir Lesen und Rechnen bei. Die Schule machte mir Spaß. Ich war eine gute Schülerin, hatte fast nur Einsen, manchmal auch Zweien. Meine besten Fächer waren Schönschrift und Zeichnen.

Ab der dritten Klasse besuchte ich den Zeichenzirkel. Einmal in der Woche trafen sich besonders begabte Kinder, um in ihrem Talent gefördert zu werden. Ich hatte eine sehr nette Lehrerin. Dagmar L. war blutjung, hatte lange glänzende Haare, ein bildhübsches Gesicht und besaß ein lustiges Gemüt. Es stellte sich schnell heraus, dass wir ihre erste Kunst-AG waren. Dagmar L. war sehr kreativ. Wir experimentierten mit Farben, malten Boote, Seen, Stege und Hände, die bei mir nie Finger hatten.

Ein, zwei Jahre später zog die junge Lehrerin mit ihrem Baby bei uns zur Untermiete ein. Wir

wohnten Tür an Tür auf der gleichen Etage. Was für ein Glück! Ich fuhr die kleine Diana stolz im Kinderwagen spazieren. Als sie alt genug war, spielten wir zusammen. Es dauerte nicht lange und ich hegte für sie Gefühle wie für eine kleine Schwester. Sie weckte den Beschützerinstinkt in mir. Diana ging bei uns ein und aus. Auch ich war bei ihr immer willkommen.
Der Tag, an dem meine Lehrerin mit ihrer Tochter auszog, war schrecklich. Ich weinte heftig, aß den ganzen Tag nichts und konnte abends nicht einschlafen. Ich war unglücklich. Was ich liebte, verließ mich. Ich kam nicht zur Ruhe, klammerte mich ängstlich an meine Eltern und machte mich sofort wieder auf die Suche nach einem geeigneten Ersatz für Diana. Zum Glück war es für mich nie ein Problem, Kinder kennen zu lernen. Freundschaft schloss ich von einem Tag auf den nächsten. Je mehr Kinder ich kannte, desto besser ging es mir. Als ich älter wurde, sagte meine Mutter einmal lachend zu mir. „Conny, du kannst ja nicht mal fünf Semmeln beim Bäcker holen, ohne jemanden im Schlepptau zu haben."
Ich ertrug das Alleinsein nicht. „Warum kann nie jemand für immer bei mir bleiben?", jammerte ich vor mich hin. Ich spürte von Tag zu Tag stärker: Irgendetwas stimmt nicht. Irgendetwas fehlt in meinem Leben. Was war das bloß für eine Lücke?

Vor etwa zwei Jahren schickte mir Dagmar L. einen Brief. Sie hatte Ulli und mich in einer

Fernsehsendung gesehen und da war ihr eine Szene wieder eingefallen. „Conny, als ich dich einmal mit deinem Puppenwagen in der Stadt traf, fragte ich dich, wie denn deine Puppe heißen würde“, schrieb sie. „Du sagtest blitzschnell, die habe keine Namen, die Puppe sei deine Schwester.“ Als ich diese Zeilen las, konnte ich es nicht fassen. Komischerweise kann ich mich nicht daran erinnern, jemals diesen Satz gesagt zu haben.

Rauensteiner Klöße

Meine Eltern achteten sehr darauf, dass ich in der Freizeit beschäftigt war. Ich sollte mich nie langweilen. „Geh' doch mal zur Christenlehre. Dort triffst du Kinder, ihr lest in der Bibel und spielt Flöte", ermunterten sie mich und ich befolgte ihren Rat. Als Schulkind erfuhr ich auch erstmals am eigenen Leib, wie es Kindern erging, deren Eltern nicht in der Partei waren und nicht in volkseigenen Betrieben arbeiteten. Fuhren meine Klassenkameraden ins Ferienlager, durfte ich nicht mit. Diese Kinderfreizeiten wurden von den Betrieben angeboten und galten nur den Kindern von Mitarbeitern.

Für kurze Zeit fühlte ich mich wie ein Außenseiter. Dieses Gefühl verflog jedoch schnell wieder. Ich besuchte stattdessen meine Großeltern väterlicherseits in Rauenstein. Das ist ein schöner Ort meiner Kindheit und Jugend. Ein verschlafenes Dorf in Thüringen, nur wenige Kilometer entfernt von Coburg.

Oma Martha war eine recht kleine Frau. Ihre mittelblonden gelockten Haare steckte sie jeden Tag akkurat hoch. Sie trug immerfort geblümte Schürzen, kochte und strickte leidenschaftlich gern. Ich konnte die selbst gestrickten Paar Socken irgendwann nicht mehr zählen, die sie mir schenkte. Opa Max war ein großer Mann mit kurzen schwarzen Locken. Unter seinen Hemden wölbte sich ein kleiner Bauch. Er war wie mein Vater Klempnermeister. Sie wohnten an der Weststraße 16. Ein rotes Fachwerkhaus auf einem Hügel, umgeben von kleinen gepflegten Gärten. Auf dem Hof befand sich auch die Klempnerei.

Wenn ich zu Oma und Opa fuhr, war ich glücklich. Meine Cousine Silke hüpfte aufgeregt durch den Hof, meine Cousins schrien vor Freude, und meine Tanten und Onkel erkundigten sich herzlich nach meinem Wohlbefinden. Ich wurde behandelt wie eine Prinzessin. „Was wünscht du dir zum Mittagessen?“, fragte meine Oma, kaum hatte ich den Fuß über die Türschwelle gesetzt. „Klöße, Rotkohl und Kaninchen“, erwiderte ich und konnte sicher sein, dass mittags meine Leibspeise auf dem Tisch stand. Mein Opa bastelte eine extra breite Schneeschippe, nur für mich. Wir kletterten fast täglich zur Rauensteiner Burgruine, setzten uns ins Gras und träumten vor uns hin. Nachts schlief ich bei meinen Großeltern im Bett.

Die Ferien in Rauenstein dauerten zwei Wochen. Die Welt war in Ordnung. Oma und Opa taten alles, damit es ihrem Enkelkind prächtig ging. „Immer dreht sich alles nur um dich“, maulten meine Cousinen und Cousins eifersüchtig. Richtige Rivalen wurden wir aber nie. Wir waren Freunde und hatten einen Heidenspaß.

An dieser Ferientradition hielt ich fest, bis ich erwachsen wurde. Noch als 16-Jährige bestieg

ich jedes Jahr an Pfingsten den Zug und fuhr nach Rauenstein. Dann knatterten wir auf dem Moped drei Straßenzüge weiter zum Marktplatz und vergnügten uns auf der Kirmes. Wir fuhren Karussell und stopften Zuckerwatte in uns hinein.
Es war eine schöne Welt, in die ich in Rauenstein eintauchte. Es war ein Gefühl, als würde ich nach Hause kommen. Als meine Großeltern vor ungefähr 20 Jahren kurz nacheinander starben, hinterließen sie eine große Lücke. Ich liebte sie von Herzen. Meine Verwandten, die noch in Rauenstein leben, bedeuten mir sehr viel. Ich habe nicht oft in meinem Leben so warmherzige Menschen getroffen.

Weiter so

Ich bin in einer sehr sportlichen Familie groß geworden. Mein Großvater war ein erfolgreicher Bobfahrer im Bob- und Rodelclub 05 Friedrichroda. Mama wurde 1955 DDR-Meisterin im Rodeln. Papa spielte Fußball und war ein Hobby-Skispringer. Insgeheim hofften meine Eltern, ihre Sportbegeisterung würde auf mich überschwappen. Diesen Erwartungen konnte ich nicht gerecht werden.
Sport war ein zentraler Punkt in unserem Leben. Zuerst brachte mir mein Vater das Skifahren bei. Als Zweijährige übte ich zwischen seinen Beinen Pflug auf dem Inselsberg, unserem Hausberg, oder an unserem Winterurlaubsort im Erzgebirge. Mit fünf Jahren machte ich meine erste Schwimmstufe.
In der Schule waren Sport, Zeichnen und Deutsch meine Lieblingsfächer. Als meine Noten ab der fünften Klasse schlechter wurden, suchten meine Eltern nach einer Erklärung und setzten Sport als Therapie ein. Sie dachten, ich wäre dann ausgeglichener. Ich war unkonzentriert und ließ mich schnell ablenken. Ich vergaß die Hausaufgaben, schwätzte mit meinen Banknachbarn und schaltete im Unterricht schnell ab, wenn der Lehrer von Dingen sprach, die mich nicht interessierten. Ich hing meinen Gedanken nach, phantasierte mir meine eigene Welt herbei. In diesen Träumen lebte ich in einer Familie mit liebevollen Eltern

und einer Schwester. Meinen Eltern gefiel mein Sinneswandel nicht. Zu allem Übel war Mama Vorsitzende im Elternrat und nahm an fast allen Wandertagen und Schulfesten teil. Mir war es unangenehm, dass sie alles mitbekam, was ich in der Schule so trieb. Ich stand unter Kontrolle. Ich glaube, damals schämte sich meine Mutter zum ersten Mal für mein ungezogenes Verhalten:
„Was haben wir bloß falsch gemacht? Haben wir sie zu sehr verwöhnt? Hätten wir strenger sein müssen? Wir haben ihr doch Manieren beigebracht?"
Eines Tages fragte mich mein Vater: „Was hältst du davon, Conny, wenn du dir ein paar Hobbies suchst?" Ich war Feuer und Flamme für diesen Vorschlag. In Vereinen würde ich wieder viele Kinder treffen, mit denen ich Zeit verbringen konnte. Ich hatte volles Programm, spielte Tischtennis und betrieb Skilanglauf. Meine Eltern waren begeistert, dass ich in der Loipe eine Sportart gefunden hatte, die mir Spaß machte. Ich hatte Talent und skatete in passablen Zeiten die fünf und zehn Kilometer.
Ich trainierte dreimal die Woche. Die Wettkämpfe am Sonntag waren der Höhepunkt. Vater begleitete mich zu jedem Start, trug meine Skier und steckte mir 15 Minuten vor dem Start ein Stück Schokolade zu, damit in der letzten Schleife die Kraft nicht ausging. Papa war mein größter Fan. Bei jedem Rennen, die meisten fanden in Ruhlau statt, stand er an der Strecke und feuerte mich an. „Cooonny,

lauf, nur noch ein Kilometer bis zum Ziel, du bist gut in der Zeit..." Einmal schaffte ich es bei den Kreismeisterschaften auf das Podest. Ich wurde Dritte.

Es schlägt zwölf

Es kam der Tag, der mein aufgeräumtes Leben ins Chaos stürzen sollte. Ich war zwölf Jahre alt, saß im Matheunterricht, und quatschte mit Tine. Unser Lehrer ermahnte uns ein paar Mal freundlich, aber bestimmt. Als wir wegen eines Kugelschreibers, den mir Tine partout nicht geben wollte, stritten, platzte ihm der Kragen.

„Da merkt man sofort, wer adoptiert ist!“

Die Augen des Lehrers funkelten wütend. Alle Klassenkameraden glotzten mich an. Meine Wangen färbten sich knallrot. Ich schämte mich. Es war, als würde mein Kopf gleich platzen. Ich musste raus. Und zwar schnell. Ich packte meine Schulsachen in die Tasche und rannte mitten im Unterricht nach Hause. Die 200 Meter waren qualvoll. Ich war aufgewühlt. Tränen rollten über meine Wangen. Zu Hause angekommen, riss ich die Haustür auf und lief in die Küche, wo Mutter gerade in der Küche stand.

„Mama, der Lehrer behauptet, ich bin ein Adoptivkind. Ist das wahr?“

Meine Mutter drehte den Herd auf die niedrigste Stufe und wandte sich langsam zu mir um: „So ein Quatsch, es stimmt nicht. Mach’ dir keine Sorgen. Ich werde mit dem Lehrer reden“, beruhigte sie mich und nahm mich in den Arm.

Mama ließ sich nichts anmerken. Hinter der Fassade war sie aber geschockt. Ich hatte sie aus

heiterem Himmel mit einer Frage konfrontiert, die sie seit vielen Jahren belastete. Wann und wie sollen wir es Conny beibringen? Wie wird sie es aufnehmen, dass sie adoptiert ist? Ich glaube, sie konnte mir in diesem Augenblick nicht die Wahrheit sagen. Zu lange hatten meine Eltern das Gespräch aufgeschoben, immer wieder auf den richtigen Moment gewartet, um mich aufzuklären. Jetzt, an einem Werktag, mittags um halb zwölf, war der Zeitpunkt erneut denkbar ungünstig.
Ich war verwirrt. Was sollte ich denken? Belogen mich meine Eltern? Das würden sie doch nie tun! Die Stimme meiner Mutter klang weich wie immer, keinesfalls brüchig. Andererseits: Wie kam der Lehrer auf die Idee, eine solche Gemeinheit zu erfinden? Wem sollte ich glauben?
Am nächsten Morgen stellte ich mich triumphierend vor meine Klassenkameraden: „Damit ihr es nur ja wisst. Ich bin nicht adoptiert. Ich habe meine Eltern gefragt, und die müssen es ja schließlich wissen“, posaunte ich laut hinaus.
Wohl fühlte ich mich dabei nicht. Tief in meiner Seele war da wieder dieses ungute Gefühl. Instinktiv glaubte ich dem Lehrer, obwohl ich es nicht wollte. In der Schule verstummten die Gerüchte. Zu Hause sprach ich nicht mehr darüber. Trotzdem gingen mir viele Gedanken durch den Kopf. „Wenn es wirklich stimmt, vielleicht habe ich dann ja Geschwister.“

Ungefähr ein Jahr später fand ich durch einen Zufall die Wahrheit heraus. Ich wurde geimpft. Als ich im Wartezimmer des Krankenhauses in Friedrichroda saß, blätterte ich aus Langeweile im Impfausweis. Da sah ich es: Mein Name und meine Adresse waren überklebt worden. Warum? Als ich genauer hinschaute, entdeckte ich einen Haken, der eindeutig zu einem G oder einem J gehörte. Nun wurde ich neugierig. Ich schaute mir die ersten Impfungen genauer an und stutzte. Da stand auf einem Stempel „Dauerheim Sondershausen." Ein Dr. Jahn hatte unterschrieben. Nun hatte ich es schwarz auf weiß. Ich war ein Adoptivkind. Also doch! Mir wurde übel. Ich weiß nicht, wieso: Ich schwor, dieses Geheimnis für mich zu behalten. Ich schwor, meine leibliche Mutter nicht zu suchen. Ob ich Geschwister habe? Das war die einzige Frage, die mich interessierte. Erst einmal jedoch sollte mein Leben so bleiben, wie es war. Ich hatte die Wahrheit erfahren, und es war gut so.
An der Liebe zu meinen Eltern änderte das nichts. Sie haben mich großgezogen. Sie haben mich getröstet, wenn ich traurig war. Sie haben mir zugehört und mich unterstützt, wenn ich nicht weiter wusste. Sie haben mich nie im Stich gelassen. Sie waren immer für mich da und haben mir immer sehr viel Liebe gegeben. Mehr Zuneigung als die, die ich für meine Eltern empfinde, ist nicht möglich. Es sind für mich die besten Eltern der Welt. Sie sind beide gerade 70 geworden. Der Gedanke an ihren Tod macht mir Angst.

Dem ein oder anderen mag die Reaktion komisch vorkommen, aber ich war zu keiner Zeit wütend auf meine Eltern und schrie sie auch nicht an wie in einem schlechten Film: Warum habt ihr mich angelogen? Ich kann sie verstehen. Meine Eltern trauten sich nicht, mir die Wahrheit zu sagen. Aus Angst, mich zu verlieren. Aus Angst, ich könnte ihnen den Rücken kehren. Aus Angst, ich könnte sagen: ‚Was wollt ihr denn, ihr seid doch gar nicht meine Eltern.' Als ich meine Mutter später einmal fragte: „Wann wolltet ihr es mir denn sagen?", meinte sie: „Wenn du reif dafür gewesen wärst." Ich lachte: „Also nie."
Meine Eltern erzählten mir, sie und mein Vater hätten mehrfach versucht, mir einen Wink mit dem Zaunpfahl zu geben. Wenn im Fernsehen eine Sendung über adoptierte Kinder lief, sprachen sie mit mir ausführlich darüber. Wenn in der Nachbarschaft ein Kind adoptiert wurde, erzählten sie mir sofort davon. Nur um meine Reaktionen zu testen. Ich ignorierte ihre Hinweise. Jetzt erst begriff ich. Anhand der Geschichte anderer wollten mir meine Eltern meine eigene Geschichte erzählen. Wie bei einem Puzzle, dessen Teile sich erst zu einem Ganzen zusammenfügen müssen.
Als ich die Wahrheit herausgefunden hatte, beflügelte das meine Phantasie. Ich habe nie einen Psychologen gefragt, wie man dieses Verhalten deuten kann. Wahrscheinlich war es meine Art,

mit meiner Entdeckung, die ich zunächst mit niemandem teilte, fertig zu werden. Ich erzählte wildfremden Menschen, dass ich eine Zwillingsschwester habe. Wenn einer genauer nachfragte, antwortete ich: „Sie sieht genauso aus wie ich, hat einen Leberfleck auf der rechten Wange und heißt Katrin." Dieser Name fiel mir ein, weil das mein zweiter Name ist. Die Rolle als Märchentante bereitete mir großes Vergnügen. Alle hörten mir aufmerksam zu. Ich genoss es, im Mittelpunkt zu stehen.

Woher diese Einfälle kamen? Ich weiß es nicht. Ich weiß nur, dass es mir ähnlich ergangen ist wie mit den namenlosen Puppen. Ich erinnerte mich erst 20 Jahre später wieder an meine Märchenstunden.

Ullis Jugend- und Lehrjahre

Abgelehnt

Meine Kindheit endete an dem Tag, an dem meine Eltern ins Gefängnis mussten, und fast zwei Jahre vergehen sollten, ehe ich sie wiedersah. Ich war zwölf Jahre alt.

Die Geschichte beginnt mit den Ausreiseplänen meiner Eltern. Den ersten Ausreiseantrag hatten Vater und Mutter sechs Jahre vorher gestellt. Abgelehnt! Sie füllten ein zweites Mal ein Formular aus. Wieder nicht genehmigt! Auch beim dritten Versuch wurde nichts aus ihren Träumen, die DDR auf legalem Weg zu verlassen und in der Bundesrepublik ein neues, freies Leben anzufangen. Es war die immergleiche Begründung: „Sie sind der einzige Augenarzt im Umkreis von 200 Kilometern. Wir können nicht auf Sie verzichten." Auch die Versuche, über unsere Verwandten vom Westen aus eine Ausreisebewilligung zu erhalten, waren gescheitert.

Nach dem dritten Anlauf reichte es meinem Vater. Über die Grenze geflohen wären meine Eltern nie. Das Risiko wäre ihnen für uns Kinder zu groß gewesen. Mein Vater beschloss, seinen Job als Arzt aufzugeben und bei der Kirche als Hausmeister anzufangen. Er hoffte, dann würde es endlich klappen. Die Kündigungsfrist betrug drei Monate. Ungefähr vier Wochen vor seinem letzten Arbeitstag passierte es. Auf dem Weg zur Praxis wurde Papa angehalten, aus dem Auto gezerrt und abgeführt. „Wir nehmen Sie zu einer Anhörung nach Magdeburg mit“, sagte der Beamte schroff. Meine Mutter, die vorausgefahren war, traf das gleiche Schicksal. Beamte holten sie nur zwei Straßen von unserem Wohnhaus entfernt vom Fahrrad.

Es war der 23. November 1981, ein kalter, regnerischer Tag. Am Morgen hatten Mama und ich noch wegen einer Lappalie gestritten. „Zieh’ bitte deine Mütze an. Du erkältest dich sonst“, sagte meine Mutter. „Ich habe keine Lust auf diese Mütze. Darin sehe ich bekloppt aus“, weigerte ich mich.

Als Claudia und ich das Haus verließen, hätte es mir schon merkwürdig vorkommen müssen. Auf dem Gehweg davor parkten ein paar Ladas, die wir noch nie in unserer Straße gesehen hatten. Beamte der Stasi saßen darin und beobachteten das Haus. Die Verhaftung war bis ins kleinste Detail geplant. In dem Moment, als wir an den Autos vorbeispazierten, waren wir ahnungslos.

In der Schule ging Claudia in ihre Klasse, sie war in der dritten, und ich in meine, ich war in der fünften. Die erste Stunde hatte gerade angefangen, als die Sekretärin des Direktors das Klassenzimmer betrat.

„Ulli, wo sind deine Eltern? Arbeiten sie heute nicht?“, fragte sie.

„Klar, sie sind in der Praxis", erwiderte ich.
„Nein, da sind sie nicht. Die Arzthelferin hat angerufen und gefragt, wo sie bleiben", erklärte sie ungerührt.
Mir wurde heiß und kalt. Panisch dachte ich: Oh nein, das wird doch nichts mit der Trennung der beiden zu tun haben! Ich fröstelte vor Angst. Ich hatte keine Antwort auf die Frage. Warum weiß ich nichts? Ich konnte mich doch immer auf meine Eltern verlassen. Sie hatten mich noch nie enttäuscht. Als ich erfuhr, dass meine Eltern nicht in der Arbeit erschienen waren, erfasste mich eine schreckliche Angst. Ich konnte meine Tränen kaum noch zurückhalten. Ich machte mir große Sorgen und dachte: Jetzt habe ich meine Eltern verloren.
Noch fünf Schulstunden musste ich in der Schule ausharren. Es kam mir endlos lang vor, bis der Gong ertönte. Es war 12.40 Uhr. Ich flitzte nach Hause und sah schon von weitem Claudia. Sie stand in der Haustür. Tränen rannen über ihre Wangen. „Ulli, bei uns sind sieben Männer in der Wohnung." Kaum hatte sie zu Ende gesprochen, stand schon einer der sieben hinter ihr und hielt mir einen Ausweis vor die Nase. „Ministerium für Staatssicherheit. Wir haben eure Eltern zu einer Befragung in Magdeburg abgeholt", sagte er mit regungslosem Gesicht. Ich erinnere mich an diesen Satz, als wäre er gestern gefallen.
Ich fing an zu heulen und ging hinein. Dort musste

ich zusehen, wie die Männer unsere Wohnung auf den Kopf stellten. Sie rissen Schubladen auf und kippten den Inhalt auf den Boden, durchwühlten unsere Schränke. Im Kinderzimmer herrschte Chaos. Unsere Spielsachen lagen auf dem Fußboden verstreut, die Unterlagen in unseren Schreibtischen flogen durcheinander. Es war furchtbar. Ich fühlte mich allein und hilflos. Mein Akku war leer und ich war angsterfüllt wie nie zuvor. Niemand konnte uns helfen. Ich nahm meine allerletzte Kraft zusammen und tröstete meine kleine Schwester.

Nach einer Weile kam Papas Arzthelferin, Schwester Gertrud, und nahm uns in den Arm. Sie packte mit uns schnell das Nötigste, ein paar warme Sachen zum Anziehen und unsere Waschbeutel. Es hieß, wir müssen ins Heim am Stadtsee, ein Behindertenheim in Stendal. „Sie nehmen euch auf. Dort werdet ihr übergangsweise bleiben", erklärte uns ein Mann von der Stasi. Als wir dort ankamen, wurden wir in ein kleines Zimmer geführt, das abgeschottet von den Heimbewohnern in einem eigenen Trakt lag.

Inzwischen war es Abend geworden. Wir heulten während der ganzen Fahrt. Unsere Tränen wollten nicht versiegen. Wir fragten uns bange: Wo sind unsere Eltern? Ich hatte panische Angst, sie nie wieder zu sehen.

Vor Claudia hielt ich meine trüben Gedanken fern. Ich wollte meine Schwester nicht noch stärker beunruhigen. Doch ich vermutete, dass unsere

Eltern im Gefängnis saßen. Ich kannte solche Geschichten aus Papas und Mamas Erzählungen. Bekannten war es genauso ergangen. Ich war felsenfest davon überzeugt: Es kann nur so sein! Der Mittelpunkt meines Lebens, mein Halt, mein Zuhause wurden mir von einer Sekunde auf die andere weggenommen.

Abends konnten wir nicht einschlafen, wälzten uns unruhig im Schlaf. Am nächsten Morgen durften wir in die Schule und erzählten unseren Lehrern und Klassenkameraden die schrecklichen Neuigkeiten. „Was haben die Beamten mit eurer Wohnung gemacht?" – „Wer hat sich um euch gekümmert?" Der Lehrer wollte alles haarklein wissen und versprach: „Ulli, ich schaue heute Abend bei dir im Heim vorbei." Abends saß ich auf dem Bett und wartete. Ich schaute im Minutentakt auf die Uhr. Als der Zeiger neun Uhr anzeigte, gab ich auf. Mein Lehrer war nicht gekommen. Ich war bitter enttäuscht und fühlte mich wieder einmal allein gelassen.

„Ihr sollt nicht zur Schule gehen. Ihr bekommt Besuch", sagte eine Frau, die im Büro des Heims arbeitete, einen Tag später zu uns.

„Jetzt kommen bestimmt Mama und Papa, um uns zu holen", munterte ich Claudia auf, die der Frau misstrauisch zugehört hatte.

Zwei Tage, nachdem wir unsere Eltern zuletzt gesehen hatten, saßen Claudia und ich in dem

kargen Heimzimmer auf dem Bett und warteten darauf, abgeholt zu werden. Das Wetter hatte sich unserer schlechten Stimmung angepasst. Es war eiskalt. Am Himmel hingen Regenwolken. Nach gut einer Viertelstunde ging die Tür auf. Im Raum stand eine Frau mit Brille und wilder Lockenpracht, die wir noch nie zuvor gesehen hatten. Ihr Blick war streng. Ihr Gesicht schmal und kantig.
„Hallo, ich komme vom Jugendamt", stellte sie sich vor. In den Händen hielt sie zwei große Papiertüten.
„Wir werden jetzt gleich in ein Kinderheim nach Staßfurt fahren", fuhr sie fort.
„Nein, da will ich nicht hin. Ich möchte in Stendal bleiben und hier auf meine Eltern warten", entfuhr mir ein entsetzter Aufschrei.
Ich flehte die fremde Frau an: „Bitte, ich gehe doch hier zur Schule. Ich muss bei meinen Freunden bleiben. So ertrage ich es leichter, auf meine Eltern zu warten. Bitte, wir wollen hier nicht weg. Bitte, lassen Sie uns hier bleiben."
Ich heulte, was das Zeug hielt. „Warum hilft uns denn keiner?", schluchzte ich und konnte nicht aufhören. Niemand war da. Wir waren allein.
Die Frau vom Jugendamt versuchte, uns zu beruhigen: „Eure Eltern können jetzt nicht bei euch sein. Im Kinderheim trefft ihr viele andere Kinder, mit denen ihr tolle Sachen unternehmen werdet."
Als sie das gesagt hatte, schenkte sie jedem eine Tüte mit leckeren Sachen wie Bananen und Schokolade. Danach gingen wir zu dem Trabant

Kombi, der vor der Tür stand. Darin saß bereits ein Mann. „Ich steige da nicht ein", brüllte ich. „Ich auch nicht", trampelte auch Claudia wütend mit ihren Füßen. Ich dachte nur panisch: Wenn ich jetzt einsteige, werde ich meine Heimatstadt nie wieder sehen. Es half alles nichts: Als wir uns weiterhin weigerten, schoben uns die Frau vom Jugendamt und der Mann unsanft ins Auto.
Es war die schrecklichste Fahrt meines Lebens. Der unbekannte Mann lenkte das Fahrzeug am Bahnhof und an der Russenschule vorbei, durch das Tangermünder Tor hinaus aus der Stadt. Ich verabschiedete mich von jedem Haus. Tränen strömten über meine Wangen. Mein Kopf schmerzte vom vielen Weinen und dem Gestank nach Benzin. Ich verlor mein Zuhause.
Die Fahrt dauerte sehr lang. Es waren mindestens drei Stunden. In Staßfurt angekommen, stiegen Claudia und ich zögerlich aus dem Auto und trauten uns nicht, einen Fuß über die Schwelle des Heims zu setzen. Eine Horde Kinder stand am Fenster und starrte zu uns herab. Ich dachte nur, jetzt wissen die auch schon alle Bescheid und warten auf uns. Ich fühlte mich unbehaglich. Als wir uns endlich hineinwagten, war es weit weniger schlimm als erwartet. Die Leiterin begrüßte uns herzlich. Ich fand sie sogar sympathisch. Sie plauderte nett mit uns und hatte einen liebevollen Gesichtsausdruck. „Hab' keine Angst. Die Frau ist

nicht böse“, sagte ich zu Claudia. Nach und nach freundeten wir uns mit anderen Heimkindern an und hörten von deren Schicksalen. Alle waren in der gleichen Situation. Das schweißte zusammen. Claudia und ich blieben ungefähr ein halbes Jahr im Kinderheim in Staßfurt.

Danach führte uns die Reise zu Pflegefamilien. Die erste Station war Staffelde. Das Dorf liegt ungefähr 25 Kilometer von Stendal entfernt. Vom Gefängnis aus hatten meine Eltern in Briefwechseln durchgesetzt, dass uns Bekannte während ihrer Haft in ihre Obhut nahmen.

Das Ehepaar, er war Prediger, sie kümmerte sich um die fünf Kinder, holte uns in Staßfurt ab. Wir fassten neuen Mut. „Du wirst sehen: Bald können wir Mama und Papa in die Arme fallen. Alles wird gut“, sagte ich zu Claudia.

Nichts wurde gut: Wir erlebten eine schlimme Zeit in Staffelde. Wir waren nicht willkommen und fanden nicht den erhofften Familienersatz. Erst viele Jahre später wurde mir bewusst, dass es eiskalte Berechnung gewesen sein musste, als uns das Ehepaar aufnahm. Sie nutzten unsere Situation schamlos aus. Ich musste ständig auf die drei kleinen Mädchen der beiden aufpassen. Wir durften nirgends hin und wurden nicht satt. Unser Essen war genau portioniert. „Ulli, du darfst Käse haben, aber nimm' bitte nur ein halbes Brot.“

Am traurigsten wurden wir, wenn uns Onkel Karl aus Helmstedt in Niedersachsen besuchte, wo zu DDR-Zeiten ein großer Grenzübergang war. Tante

Brigitte, die in Wirklichkeit anders heißt und nur von mir so genannt wurde, fing ihn sofort ab. „So Kinder, sagt kurz Hallo. Dann geht ihr wieder in euer Zimmer. Onkel Karl und ich haben etwas zu bereden." Keine Sekunde durften wir alleine mit ihm sprechen. Wir hätten ihm so gerne unser Herz ausgeschüttet.
Bevor er mit Tante Brigitte im Wohnzimmer verschwand, hörten wir Tüten rascheln, die ins Haus getragen wurden. Alle acht Wochen kam er vorbei, um uns mit neuen Sachen zu versorgen und zu sehen, ob alles in Ordnung war. Dem Anschein nach war es das auch. Wir waren nicht abgemagert, machten gute Miene zum bösen Spiel und befolgten eingeschüchtert, was Tante Brigitte von uns verlangte.
Die Wahrheit konnte Onkel Karl nicht erkennen. Er konnte uns nicht helfen. Diese Familie heuchelte geschickt Freundlichkeit. Wir erhielten kein einziges von den Geschenken unseres Onkels. Die Levis-Jeans trugen die Söhne unserer Pflegefamilie. Während man uns nur wenig Nutella gönnte, schmierten sich die anderen drei dicke Scheiben Brot. Dieses Gefühl der Hilflosigkeit! Es war grausam. Keiner konnte diese Familie durchschauen. Sie waren eiskalt und verlogen. Einmal sagte Tante Brigitte zu uns: „Ulli, Claudia, wir fahren nach Stendal zu eurer alten Wohnung. Dann räumen wir euer Kinderzimmer aus." Sie

hielt ihr Versprechen nicht und sorgte dafür, dass Sofa und Schrankwand aus dem Wohnzimmer unserer Eltern ins Auto getragen wurden. Im Wohnzimmer der Familie in Staffelde sah es dann aus wie bei uns daheim. Das machte die Trennung von unseren Eltern noch schmerzhafter. Für die Sachen aus unserem Kinderzimmer, die wir liebten, war im Auto kein Platz mehr.

Meine Eltern waren es schließlich, die dafür sorgten, dass wir in eine andere Familie kamen. Sie hatten Bescheid bekommen, dass die Miete für unsere Wohnung nicht mehr gezahlt wurde und ihre Konten nicht mehr gedeckt waren. Da wussten sie: Diese Familie spielt ein falsches Spiel. Denn meine Eltern hatten sie bevollmächtigt, sich während der Verbüßung ihrer Haftstraße um ihre finanziellen Angelegenheiten zu kümmern. Da das Gehalt weiter gezahlt wurde, hätte genug Geld da gewesen sein müssen.

Claudia und ich litten sehr unter der Trennung. Wir brüteten über der Frage: Wann werden wir unsere Eltern wiedersehen? Mittlerweile wussten wir offiziell Bescheid, dass meine Eltern zu Haftstrafen verurteilt worden waren. Wir hatten Post von Mama und Papa erhalten. Ich schrieb ihnen das ganze Jahr über Briefe und hielt sie auf dem Laufenden. Ich erzählte ihnen, was mich bewegte, wie wir uns an den neuen Schulen eingewöhnt hatten, welche Freunde wir gefunden hatten. Die Briefe besitzen wir nicht mehr. Sie sind bestimmt bei einem unserer Umzüge verloren gegangen.

Können wir unseren Eltern irgendwie helfen? Diese Frage beschäftigte mich und ich fand eine Antwort. Ich schrieb Verwandten in Hannover und informierte sie über die Lage. Ich war überzeugt, sie würden sich darum kümmern, dass Mama und Papa frei kommen.
Der Wortlaut des Briefes war etwa so:

Liebe Katrin,

ich bin sehr traurig. Mama und Papa sind im Gefängnis. Bitte, bitte sag' das deinen Eltern. Vielleicht wissen sie weiter und können dafür sorgen, dass sie aus dem Gefängnis kommen. Ich schreibe dir bald wieder, wenn ich kann. Ich habe dich sehr lieb.

Viele Grüße und Küsse,
Deine Ulli

Einmal im Monat hatten wir Ausgang. Ich nutzte die Chance und schmuggelte den Brief unbemerkt durch die Tür des Heims, indem ich ihn in meiner Unterhose versteckte. Die Adresse hatte ich von früheren Briefwechseln im Kopf. Als alles überstanden war, sagten meine Eltern stolz: „Ulli, dass du während unserer Haft so verantwortungsbewusst warst und Familie M. informiert hast, rechnen wir dir hoch an."

Ein einziges Mal in den zwei Jahren unserer Trennung durfte ich meine Eltern besuchen. Claudia war noch zu klein. Das erste Mal, als wir zu meiner Mutter fuhren, musste ich am Eingang warten. Dafür sorgte die Tante aus Staffelde.
„Wo ist denn Ulli?“, fragte meine Mutter.
Als Tante Brigitte irgendeine fadenscheinige Entschuldigung stammelte, wurde meine Mutter wütend: „Wenn du nicht beim nächsten Mal meine Tochter mitbringst, möchte ich gar keinen Besuch mehr haben.“
Beim nächsten Mal durfte ich zu meiner Mutter. Es war schrecklich, meine Eltern so mitgenommen zu sehen. Mama hatte es übel erwischt. Sie saß in Schloss Hoheneck, das größte und berüchtigste Frauengefängnis der DDR. Als ich meine Mutter nach über einem Jahr wiedersah, erschrak ich. Sie sah schlecht aus, war aschfahl im Gesicht und hatte eingefallene Wangen. Sie sah krank aus. Ich wollte direkt in ihre Arme laufen, doch die Frau, die im Besuchsraum neben ihr am Holztisch saß, befremdete mich. „Darf ich meine Tochter drücken?“, fragte meine Mutter leise und es wurde uns kurz gestattet. Ich schlang die Arme um ihren Rücken und presste meinen Kopf an ihre Brust. Ich weinte. Als die Besuchszeit nach einer halben Stunde zu Ende war und ich laut schluchzte, tröstete mich meine Mutter: „Sei nicht traurig. Bald sind wir wieder zusammen.“ Zum Abschied gab sie mir zwei Tafeln Schokolade und zwei Haarspangen, eine für Claudia und eine für mich. Ich

hatte auch ein Geschenk für meine Mutter. Ich gab ihr einen Stein, den ich für sie gesammelt hatte. Das sah die Wärterin.
„Was hast du denn da? Es ist verboten, Sachen ins Gefängnis zu schmuggeln“, fauchte sie mich an.
„Das ist doch nur ein Stein als Talisman. Er soll meiner Mami Glück bringen“, antwortete ich. Die Worte der Gefängniswärterin haben sich in mein Gedächtnis gebrannt. Sie sagte: „Diesmal bringst du einen Donnerkeil mit. Das nächste Mal ist es ein Messer.“ Sie war nicht gnädig. Mama durfte den Donnerkeil nicht behalten. Ich konnte die Welt nicht mehr verstehen. Ich verließ das Gefängnis – geschockt über das, was ich erlebt hatte.
Kurze Zeit darauf besuchte ich meinen Papa im Gefängnis in Cottbus. Es war um seinen Geburtstag herum. Ich hatte ihm einen Marmorkuchen gebacken, den ich vorher abgeben durfte. Er hatte sich noch stärker verändert als meine Mutter. Ich hielt Ausschau nach einem Mann mit Bart. Ich sah keinen. Plötzlich stand er vor mir. „Hallo Ulli.“ Ich kannte meinen Vater nur mit Vollbart und erkannte ihn kaum wieder, als ich ihn nun zum ersten Mal in meinem Leben ohne Bart sah. Sein Gesicht war schmal, unter den Augen hatte er dunkle Schatten. Er war abgemagert. Als ich ihn besuchte, wurde ich nicht wie bei Mama in einen Besuchsraum geführt, wo nur wir und die Wärterin Platz nahmen. Wir saßen mit vier weiteren Häftlingen, die ebenfalls

Besuch hatten, in einem heruntergekommenen Raum, der einem Speisesaal glich.
Die Strapazen des vergangenen Jahres waren meinen Eltern anzusehen. Sie hatten stundenlange Verhöre hinter sich, wurden zwar nicht gefoltert, doch schlecht behandelt, weil sie als Staatsverräter galten. Sie durften nicht mit anderen Häftlingen sprechen, verständigten sich nur mit Klopfzeichen, teilten Waschbecken und Toiletten mit dutzenden anderen Häftlingen.

Als der berührende Film „Die Frau vom Checkpoint Charlie“ im September 2007 im Fernsehen lief, wurden die Ereignisse von damals wieder greifbar nah. Jutta Gallus, die heute Fleck heißt, die Frau, die sechs Jahre mutig dafür kämpfte, ihre beiden Kinder aus der DDR freizubekommen, war die Zellennachbarin meiner Mutter. Als ich die beiden Mädchen im Heim sah, lief mir ein Schauer über den Rücken. Die Vergangenheit war wieder gegenwärtig. Das Unrecht, das meiner Familie und vielen Menschen mit ihnen angetan wurde, vergessen wir nie. Es ist ein großes Glück, dass meine Eltern die schlimmen Jahre gut weggesteckt haben.

Auf gepackten Koffern

Es ging aufwärts. Nachdem die Eltern veranlasst hatten, dass wir so schnell wie möglich von dieser schrecklichen Familie in Staffelde wegkamen, führte uns die Reise weiter nach Berlin. Dieses Mal hatten wir Glück. Ein Studienkollege unseres Vaters nahm uns auf. Er und seine Frau hatten zwei Töchter und einen Sohn. Sie lebten in einem schönen kleinen Haus im Grünen, das im Stadtteil Buch bei Pankow lag. Die Familie war sehr nett. Für uns wurde extra ein Zimmer ausgeräumt und mit farbenfrohen Details eingerichtet. Diese Familie war katholisch und sehr gläubig, so dass der sonntägliche Kirchgang zu unseren Ritualen gehörte. Meine Mitschüler in der Dorfschule nahmen mich herzlich auf. Ich fand rasch nette Freunde.

Natürlich war meine Familie unersetzlich. Ich hatte große Sehnsucht nach meinen Eltern. Inzwischen lebten wir fast eineinhalb Jahre im Schwebezustand. Getrennt von unseren Eltern. Ohne richtiges Zuhause. Doch es war das erste Mal, seit wir Stendal verlassen mussten, dass ich wieder fröhlicher wurde. In dieser Familie fühlte ich mich wohl. Etwas von dem Gefühl, Teil einer Familie zu sein, war zurückgekehrt.

Der Aufenthalt in Berlin dauerte sechs Monate. Ende Juni 1984 erfuhren Claudia und ich, dass die BRD unsere Eltern freigekauft hatte. Für circa

90 000 D-Mark pro Person, im Rahmen einer Ost-West-Familienzusammenführung. So wurde diese Aktion genannt. Mama und Papa waren mit dem Bus in das Not-Aufnahmelager in Gießen gebracht worden. Von dort erhielten wir ein Päckchen. Inhalt: zwei Reisetaschen in Blau und Bordeaux, aus weichem, knautschigem Material. Für die lang ersehnte Reise zu unseren Eltern. Obenauf lag ein Brief. „Hallo ihr zwei", erkannte ich die schnörkellose, fein geschwungene Handschrift meiner Mutter. „Wir haben es geschafft. Wir sind im Westen. Papa seit deinem Geburtstag am 4. April, ich seit 26. April. Wir wollen euch so schnell wie möglich nachholen." Als wir diese Zeilen gelesen hatten, weinten und lachten wir gleichzeitig. „Sie werden sicher alles tun, damit wir zu ihnen können", sagte ich zu Claudia und strahlte über das ganze Gesicht. Es lässt sich nicht in Worte fassen. Ich war überglücklich. Ich war erleichtert. Wir hatten den Beweis: Mama und Papa lassen uns nicht im Stich. Sie wollen uns wieder haben.

Als ich ein paar Tage später von der Schule nach Hause kam, sagte meine Tante aufgeregt zu mir: „Ihr müsst zum Amt, um euren Pass abzuholen, mit dem ihr ausreisen dürft." Der Termin stand fest: Am 14. August 1984 würden wir die DDR verlassen und nach Mainz fahren. Ich war aufgeregt und jubelte innerlich: „In wenigen Tagen ist meine Welt wieder heil." Mit der Vorfreude auf unser Wiedersehen verband ich die Hoffnung: „Vielleicht sind unsere Eltern auch wieder zusammen."

Möglicherweise hat ihnen der Abstand gut getan und sie haben sich vermisst."

Beim Amt brachte uns ein Beamter kurzzeitig aus der Fassung.

„Wollt ihr denn überhaupt zu euren Eltern?", fragte dieser Fremde.

„Natürlich", sagten wir gleichzeitig und ärgerten uns über diese doofe Frage.

„Es sind doch gar nicht eure Eltern. Ihr seid adoptiert", sagte der Mann daraufhin.

Die Welt brach zusammen. Ein paar Minuten lang war ich verstört, schaute ihn ungläubig an. Sagte der Mann überhaupt die Wahrheit oder war es wieder nur eine der üblichen Maschen? Egal. In diesem Moment überwog die Freude, zu meinen Eltern zurückkehren zu dürfen, tausendmal mehr. Es war für mich unwichtig, ob ich adoptiert war oder nicht. Ich wollte nur noch zu meinen Eltern. Diesem Augenblick fieberte ich entgegen. Nur das zählte. Die Aussage des Mannes konnte den Glauben an meine Eltern nicht erschüttern. Die Liebe, die ich für Mama und Papa empfinde, konnte und kann mir niemals genommen werden.

Nachdem wir die Identitätsbescheinigungen für die Ausreise in den Westen erhalten hatten, fuhren wir zum Berliner Hauptbahnhof und kauften die Tickets. Oma aus Stralsund würde uns während der Fahrt zu unseren Eltern begleiten. Sie war sehr lebenslustig und als Reiseleiterin viel unterwegs.

Damit die Zeit bis zum Wiedersehen schneller verging, überraschte sie uns mit einer Reise. Wir fuhren eine Woche nach Eisenach. Wir wohnten in einem kleinen Hotel, gingen fast jeden Tag hoch zur Wartburg. Die Burg und ihre Geschichte beeindruckten mich. „Hier hat Martin Luther gelebt und die Bibel übersetzt?", fragte ich meine Oma verblüfft. Mir gefiel Eisenach. Wenn ich mir vorstelle, dass ich nur 20 Kilometer von meiner Zwillingsschwester entfernt war, bekomme ich Gänsehaut. Sie hätte mir zufällig über den Weg laufen können. Wie das doppelte Lottchen. Damals hatte ich keine Ahnung. Ich dachte an meine Eltern, die ich in ein paar Tagen wieder in meine Arme schließen würde. Noch zwölf Jahre. Dann sollte ich auch Conny wiederhaben.

Mainz, wie es singt und lacht

Am 14. August 1984 wachte ich früh auf.
„Claudia, aufstehen. Heute ist es soweit", weckte ich meine Schwester.
„Haben wir alles gepackt?", brummelte sie verschlafen.
Unser letztes Frühstück in Berlin schmeckte himmlisch. Ich biss herzhaft in das Nutellabrötchen, schmierte mir ein zweites.
„Wir müssen uns beeilen. Sonst verpassen wir den Zug", rief mein Onkel.
Großmutter aß noch schnell das Brot auf. Den Kaffee ließ sie stehen.
„Tschüss. Macht es gut. Vielen Dank für alles. Wir schreiben euch", verabschiedeten wir uns von der Pflegetante und den Kindern, denen wir zum Abschied ein paar Sachen geschenkt hatten, für die kein Platz mehr gewesen war.
Wir hatten keine Zeit. Am Bahnhof mussten wir ellenlange Kontrollen passieren, ehe wir im Zug saßen. Es war die schönste Zugfahrt meines Lebens. Je näher die Grenze rückte, umso vergnügter wurde ich. Ich saß am Fenster, schaute hinaus und hing meinen Gedanken nach. Wie es Mama und Papa wohl geht? Wie es im Westen wohl aussieht? Wie ist das Wetter dort? Scheint immer die Sonne? An das Thema Adoption verschwendeten Claudia und ich keinen Gedanken. Wir empfanden nur Freude und Erleichterung. Nach zwei Jahren

Ungewissheit näherte sich die Warterei ihrem Ende.
In Frankfurt am Main mussten wir umsteigen. Oma gab uns fünf D-Mark, unser erstes Westgeld, und wir durften uns Süßigkeiten kaufen.
Danach fuhren wir noch einmal ungefähr eine Stunde. Nach über fünfstündiger Fahrt waren wir am Ziel. Als der Zug im Bahnhof Mainz einfuhr, stand ich an der Tür und drückte mir die Nase an der Fensterscheibe beinahe platt, ob ich Mama und Papa auf dem Bahnsteig sehe. Wir stiegen aus. Unsere Eltern winkten von weitem. In der Hand hielten sie zwei langstielige rote Rosen. Wir rannten in ihre Arme, drückten und küssten sie. Nach zwei Jahren waren wir wiedervereint.
„Beide haben uns abgeholt. Das kann nur Gutes bedeuten", flüsterte ich meiner Schwester Claudia zu.
Zugleich war ich etwas erschrocken. Meine Eltern sahen noch schlechter aus als zu dem Zeitpunkt, als ich sie im Gefängnis besucht hatte. Traurig. Wie Menschen, die mit den Nerven am Ende sind. Mir war klar: Was sie im Gefängnis erlebt hatten, ließ sich nicht so einfach überspielen. Es ging ihnen nicht gut. Meine Eltern brauchten noch Jahre, bis sie die Zeit im Gefängnis verarbeitet hatten.
Nachdem wir uns minutenlang geherzt hatten, gingen wir zum Parkplatz. Stolz zeigte uns Papa sein erstes West-Auto. Es war ein kleiner roter VW Derby, mit dem er uns zur neuen Wohnung chauffierte.

Als meine Eltern die DDR verlassen durften, hatten sie nur ihre Kleider am Leib. Ich nahm an, wir schlafen erst einmal auf Matratzen. Umso überwältigter war ich, als Mama die Wohnungstür aufschloss. Drei Zimmer. Küche und Bad. Claudia und ich bekamen jede ein eigenes Zimmer.
„Mach' mal die Tür auf", forderte mich Mama auf.
„Das gibt's doch nicht", schrie ich und stand in einem komplett eingerichteten Jugendzimmer. Der Kleiderschrank war mit Pullovern, T-Shirts, Hosen und Wäsche gefüllt. Ein Bett stand rechts an der Wand, der Schreibtisch am Fenster.
„Woher habt ihr denn die vielen Sachen auf die Schnelle bekommen?", fragte ich meine Eltern, wartete die Antwort gar nicht erst ab, sondern nahm Mama an der Hand.
„Komm, wir gehen ins Wohnzimmer", sagte ich.
„Das ist noch nicht eingerichtet. Wir sind nicht ganz fertig geworden", entschuldigte sich Mama.
Ich öffnete die Tür. Das Zimmer war fast leer. Nur eine Matratze lag auf dem Boden. Sonst nichts. Meine selbstlose Mama machte mich glücklich und traurig zugleich. Glücklich, weil meine Mutter erst an uns gedacht hatte und uns dadurch zeigte: Ihr Kinder seid das Wichtigste. Traurig, weil sie seit einigen Monaten in der Wohnung lebte und keine Möbel besaß. Mir war zum Weinen zumute bei der Vorstellung, wie meine Mutter gehaust hatte.

An diesem 14. August 1984 hatte ich wieder ein Zuhause. Ich war überglücklich. Bis ich irgendwann die Frage stellte, die im Raum stand.
„Mama, Papa, wollt ihr es nicht noch einmal miteinander versuchen?“
Geistesabwesend sagten sie: „Mal sehen, vielleicht.“
Es wurde nicht mehr wie früher. Da meine Eltern geschieden waren, zog Papa in die Gegend um Hannover, dann nach Bad Pyrmont, wo er später eine Arztpraxis betrieb. Mama blieb mit uns Töchtern in Mainz, wo sie die ersten Jahre wieder in ihrem alte Beruf als Ortoptistin arbeitete, bis sie zur Bürokauffrau umschulte und bis zu ihrer Pensionierung bei der Handwerkskammer Mainz arbeitete.
Ich war enttäuscht. Meine Hoffnung auf ein harmonisches Familienleben hatte sich zerschlagen. Hinzu kommt, dass die zwei Trennungsjahre uns stark geprägt und von unseren Eltern entfernt hatten. Teilweise waren wir uns fremd geworden. Lange Zeit mussten Claudia und ich ohne Eltern auskommen. Dadurch wurden wir sehr selbständig. Wir mussten erst lernen, mit der neuen Situation klarzukommen. Es war ein schmerzhafter Prozess.

Schwere Zeiten

In Mainz wurde vieles anders. In der DDR waren wir eine Familie. Im Westen lebten wir vom ersten Tag an zu dritt. Das konnte nicht gut gehen. Nicht auf Anhieb. Nicht in der schwierigen Phase, in der wir uns befanden. Haftentlassung und Trennung der Eltern, neue Stadt, neue Schule, neue Leute. Das war viel auf einmal. Zu viel.

Fangen wir von vorne an: Obwohl mein größter Wunsch, ein Leben mit Mama, Papa und Claudia, nicht in Erfüllung gegangen war, fühlte ich mich in Mainz auf Anhieb wohl. In den ersten Wochen lernten wir die Stadt kennen und konnten nur staunen. Man zeigte uns die neue Schule und den Weg mit der Straßenbahnlinie 11. Wir standen vor farbenfrohen Werbeplakaten, kauften in riesigen Supermärkten Lebensmittel, bummelten durch Einkaufspassagen und verdrückten unseren ersten Cheeseburger bei Mc Donald's. Es war wie im Film. In dieser Stadt gab es nichts, was es nicht gab. Alles leuchtete bunt.

Ich wurde der Klasse 8a der Realschule zugeteilt und musste mich erst eingewöhnen. Die anderen akzeptierten mich. Eine Neue aus dem Osten war äußerst selten. Ich war eine Attraktion.

Erzähl' mal. Wie war das mit den Pionieren?

Wie, deine Eltern wurden verhaftet? Nur, weil sie einen Ausreiseantrag gestellt hatten?

Hast du Honecker einmal live gesehen?

Alles musste ich über die DDR berichten, alles über die Geschichte mit meinen Eltern, alles über mein Leben in der DDR. Die Klassenkameraden amüsierten sich prächtig. Es klang aufregend. In meinem Leben hatten sich filmreife Szenen abgespielt. Mich irritierte das Gelächter. Kaum einer konnte wirklich nachvollziehen, was hinter dem System DDR steckte und was wir durchgemacht hatten. Man kann den Klassenkameraden keinen Vorwurf machen. Sie wussten damals, fünf Jahre vor dem Mauerfall, so gut wie nichts über die DDR. Im Geschichtsunterricht wurde das Thema nur grob behandelt.

Die schlimme Phase begann wenige Wochen nach meinem ersten Tag an der neuen Schule. Ich war 15 Jahre alt. Die Schule interessierte mich nicht mehr. Meine Noten wurden immer schlechter. Auseinandersetzungen mit meiner Mutter häuften sich.

„Ulli, um zehn Uhr bist du zu Hause“, sagte sie, wenn ich abends weg wollte.

„Mama, ich bin doch kein kleines Kind mehr. Ich bin ein Teenager. Ich kann gut auf mich selbst aufpassen“, antwortete ich trotzig und kam Stunden später als vereinbart nach Hause.

Ich geriet an falsche Freunde, nahm Drogen, zum Glück rauchte ich nur Marihuana und Hasch. Ich erfand Notlügen, um mir mehr Freiheiten zu erkämpfen. Ich ließ mir von niemandem mehr etwas sagen. Ich bereitete meiner Mutter Kummer. Oft wusste sie nicht, wo ich war, lag die ganze Nacht wach vor lauter Sorge um mich. Ich dachte nur an mich. Ich nahm mir die Freiheit, die ich wollte. Ich tat nur das, wozu ich Lust hatte. Ohne Rücksicht. Ich dachte nicht darüber nach, dass ich andere vor den Kopf stoßen und mir meine Zukunft verbauen könnte.

Ich kann die Zeit nicht mehr zurückdrehen. Ich kann nur sagen: Es tut mir leid, dass unser neues, heiß ersehntes Leben im Westen, vor allem im ersten Jahr aus dem Ruder lief. Ich kann mich nur bei meiner Mutter entschuldigen. Ich wollte nie so sein. Warum ich so war? Ich weiß es nicht. Ich war damals bei keinem Psychologen. Ich vermute, ich habe die heile Welt, die ich durch die Trennung meiner Eltern verloren hatte, anderswo gesucht. Ich habe übertrieben.

Aufatmen konnten meine Eltern erst wieder, als ich mit 16 meine erste große Liebe traf. Eines Abends sah ich ihn im Jugendheim in Mainz-Finten. Markus W. Groß. Schlank. Dunkle, längere Haare. Kein Bubi wie die Jungs in meiner Klasse. Ein Mann. Diesen Typen wollte ich unbedingt kennen lernen. Ich atmete einmal tief durch und quatschte ihn an.

„Bist du öfter hier?", fragte ich ihn und zupfte nervös an meinem T-Shirt.

„Vielleicht einmal alle zwei Wochen. Und du?", fragte er retour und grinste mich an.

Der Anfang klang nicht schlecht. Wir kamen miteinander ins Gespräch, redeten über Gott und

die Welt. Es war, als würden wir uns schon ewig kennen. Kann es weibliche Intuition gewesen sein? Ich spürte sofort: Markus hat eine einfühlsame Art und einen feinen Charakter. Gegen elf wechselten wir mit ein paar Freunden das Lokal. In der Diskothek „Paradise“ hatte ich nur noch Augen für ihn.
„Soll ich dich nach Hause bringen?“, fragte Markus Stunden später.
„Jaaaa“, antwortete ich.
In seinem Auto, ein gelber Jeans-Käfer, küssten wir uns zum ersten Mal. Ich hatte Schmetterlinge im Bauch. Ich war zum ersten Mal in meinem Leben verliebt. Von diesem Tag an waren wir ein Paar. Markus entpuppte sich als einer, auf den man sich hundertprozentig verlassen konnte. Er war immer für mich da. Er half mir, mein Leben wieder in den Griff zu bekommen. Er war zwei Jahre älter, machte eine Lehre. Er stand auf eigenen Beinen.
Als ich Markus meiner Mutter vorstellte, war sie sehr angetan:
„Das ist ein gut erzogener, anständiger Junge“, sagte sie. Mein Vater, der ihn wenige Wochen danach kennenlernte, war der gleichen Auffassung.
Meine Eltern waren glücklich über meine Wahl. Ich war es auch. Ich schaute zu ihm auf, hörte auf ihn. Seit ich mit Markus liiert war, besserte sich das Verhältnis zu meiner Mutter schlagartig. Wir verstanden uns wieder.

Ulli allein zu Haus'

Ich schloss die Schule mit der Mittleren Reife ab. Die Noten waren mit wenigen Ausnahmen mittelmäßig, aber ich war froh, die Prüfung überhaupt bestanden zu haben. Ich hatte mir keine Gedanken über meine berufliche Zukunft gemacht und mich nirgendwo beworben. Der Zufall half mir. Ich hatte gehört, dass die Bäckerei Wagner, nur ein paar Straßen von unserer Wohnung entfernt, eine Auszubildende sucht. Ich marschierte hin, stellte mich vor und bekam gleich die Zusage.

Am 1. August 1986 hatte ich meinen ersten Arbeitstag. Ich in einer Bäckerei? Das war nicht das, was ich mir von meinem Berufsleben erträumt hatte. Ich wollte eigentlich von klein auf einen kreativen Beruf erlernen. In diesem Moment spielte das keine Rolle. Ich war froh über die Lehrstelle, verdiente eigenes Geld.

„Jetzt hat Mama keinen Grund mehr, mir Vorwürfe zu machen", sagte ich zu Markus.

Mama hatte inzwischen einen neuen Partner gefunden. Mit Helmut, den ich sehr mag, ist sie glücklich. Eines Tages fragten mich die beiden:

„Ulli, kannst du dir vorstellen, alleine zu wohnen?"

„Na klar", antwortete ich schnell und dachte: „Jetzt kann ich endlich machen, was ich will. Keiner kann mir mehr etwas vorschreiben."

Diese Euphorie hielt nicht lange. Eigentlich wollte

ich nicht ausziehen. Nicht jetzt. Wir waren erst seit drei Jahren wiedervereint. Ich hatte mich gerade mit unserem Dreimädelhaushalt angefreundet. Nun sollte diese Familie erneut auseinander gerissen werden. Es fiel mir schwer, mich an diesen Gedanken zu gewöhnen.
„Wieso soll ich mit 17 Jahren ausziehen? Die möchten mich abschieben“, jammerte ich Markus vor.
„Nein, das hast du in den falschen Hals bekommen. Deine Mutter will dich nicht loswerden. Sie denkt nur, dass du allmählich auf eigenen Beinen stehen solltest. Ich finde, sie hat Recht“, beruhigte er mich.
Unsere Familie brach in verschiedene Richtungen auf. Claudia ging auf ein Aufbaugymnasium nach Alzey in Rheinhessen und wohnte fortan im Internat. Mama und Helmut fanden ein kleines Haus in Gonsenheim, eine beliebte Wohngegend in Mainz.
Ich zog allein in eine kleine Zweizimmer-Wohnung, die Mama und Helmut bezahlten und gemütlich einrichteten. Mein Lehrlingsgehalt hätte dafür niemals gereicht. Gott sei Dank hatte ich Markus. Das Alleinsein wäre sonst unerträglich gewesen. Die meiste Zeit verbrachten wir mit seiner Familie. Seine Eltern und seine ältere Schwester hatte ich ebenfalls ins Herz geschlossen. Sie mochten mich auch. Irgendwie gehörte ich zur Familie.
Markus und ich führten eine glückliche, harmonische Beziehung, die von Liebe und gegen-

seitigem Respekt geprägt war. Besser geht's eigentlich nicht.
„Ich bleib' bei ihm, für immer", erzählte ich meinen Freundinnen, wenn wir uns trafen. Ich war felsenfest davon überzeugt: Markus ist der Richtige.
Ich blieb nicht. Aus unerklärlichen Gründen begann ich mich nach zwei Jahren zu langweilen. Wir gingen so gut wie nicht mehr zusammen aus, verbrachten fast nur noch fade Fernsehabende zu Hause. Ich wollte unter Leute und etwas erleben. Ich wollte Spaß. Eine nicht nachvollziehbare innere Unruhe erfasste mich. Sie machte mich rastlos. Sie trieb mich von Markus fort. Ich fing an, ohne ihn um die Häuser zu ziehen. Es kam, wie es kommen musste. Ich lernte einen Neuen kennen. Peter schmeichelte mir, machte mir Komplimente. Eines schöner als das andere.
Ich trennte mich von Markus. Diese Entscheidung habe ich in den darauf folgenden Jahren nicht nur einmal hinterfragt und bereut. Aus heutiger Sicht war es ein Fehler, Markus zu verlassen. Ich habe einen wunderbaren Menschen, den ich liebte, bitter enttäuscht. Ein Fehler, für den ich mich nur entschuldigen kann. Ein Fehler, mit dem ich leben muss. Vor allem in den ersten Jahren nach unserer Trennung habe ich mich öfter bei Gedanken an ihn ertappt. Ich hatte Bilder im Kopf, die Markus und mich zeigten, wie wir einen Kinderwagen

durch Mainz schieben. Es war ein sehr schöner Gedanke.
Peter war das genaue Gegenteil von Markus. Ein Draufgänger. Einer, für den in erster Linie der Spaß am Leben zählte. Ich war 19. Ich wähnte mich glücklich: Meine Unruhe war für kurze Zeit gestillt. Nach drei Monaten der Schock: schwanger.
„Oh nein. Das hat mir gerade noch gefehlt", heulte ich mich bei meiner besten Freundin aus, wusste jedoch: „Auch wenn Peter und ich nicht ewig zusammenbleiben, ich will dieses Kind."
Niemals hätte ich abgetrieben. Nachdem der erste Schock überwunden war, freundete ich mich schnell mit der Mutterrolle an. Ich freute mich auf mein erstes Kind. Ich wollte für mein Kind da sein, brach die Lehre in der Bäckerei ab. Sie war ohnehin nichts für mich gewesen.
Peter war über die Nachricht glücklich. Er wollte gerne eine kleine Familie. Ein Glücksgefühl, das schnell wieder verflog. In der letzten Phase der Schwangerschaft konnte ich nachts nicht mehr mit ihm losziehen. Er ging alleine aus und betrog mich. Erst war ich traurig, dachte: „So ein Mistkerl." Dann hatte ich mich entschieden: „Ich trenne mich von ihm und ziehe mein Kind alleine groß."
Am 8. November 1988 wurde mein Sohn Jan-Philipp geboren. Ungefähr zeitgleich brachte Conny ihr erstes Kind zur Welt. Damals hatte ich davon keine Ahnung. Bei der Geburt meines ersten Kindes war meine Mutter die wertvollste Stütze. Sie war bei der Geburt dabei, was mich

sehr glücklich machte. Schon ein paar Tage vor dem offiziell errechneten Termin hatte sie gesagt: „Übernachte bei Helmut und mir. Dann sind wir bei dir, wenn es losgeht.“

Stolz hielt ich meinen Sohn im Arm. „Du wirst immer bei mir sein. Du und ich, wir sind eine richtige Familie. Du bist meine Familie“, sagte ich zu Jan-Philipp und streichelte ihm über den Kopf. Ich war selig.

Die ersten Wochen mit Kind stellten mein Leben auf den Kopf. Meine Schwester Claudia und meine Freundin Elke hatten mich während der Schwangerschaft unterstützt und halfen mir auch jetzt, wo sie nur konnten. Claudia fuhr jedes Wochenende von Alzey nach Mainz, um mich und den Kleinen zu umsorgen. Sie bot ihre Babysitter-Dienste an, damit mir zu Hause nicht die Decke auf den Kopf fällt und ich abends auch mal unter Leute konnte. Sie war vernarrt in ihren Neffen und kümmerte sich um ihn, als wäre es ihr eigenes Kind. Ich war nicht allein. Dafür werde ich ihr zeitlebens dankbar sein.

Als Jan-Philipp etwa ein Jahr alt war, machte ich mir Gedanken über meine berufliche Zukunft. Ich musste Geld verdienen. Es lief perfekt: Ich erhielt einen Ausbildungsplatz als Erzieherin. Das Babyjahr wurde mir angerechnet. Ich besuchte die Erzieherschule. Ich hatte Kind und Job.

In dem Jahr, in dem ich wieder zu arbeiten anfing,

fiel die Mauer. Ich fuhr im November 1989 nicht nach Berlin, verfolgte diesen historischen Moment im Fernsehen. Meine Gefühle waren gemischt. Ich dachte, nun ist niemand mehr eingesperrt. Alle Menschen aus dem Osten können in den Westen, können reisen sooft und wohin sie wollen, werden nicht mehr abgehört, können frei ihre Meinung äußern. Leider auch die, so dachte ich weiter, die meine Familie und mich bespitzelt hatten. Auch die, die meine Eltern verhaftet hatten. Auch die, die dafür gesorgt hatten, dass Claudia und ich zwei Jahre im Heim und bei Pflegefamilien leben mussten. Ich haderte mit unserem Schicksal: Die schlimmen Jahre sind vorbei. Gelohnt haben sie sich nicht. Warum konnten wir nicht vorhersehen, dass die Mauer fällt? Die Qualen wären uns erspart geblieben.
Mittlerweile habe ich längst Frieden geschlossen. Die Wiedervereinigung hat mir Glück gebracht. Sie hat mich mit meiner Zwillingsschwester vereint. Im geteilten Deutschland hätte ich sie wahrscheinlich nie gefunden. Conny und ich verdanken dem Mauerfall unser gemeinsames Glück.

Connys Jugend- und Lehrjahre

Der Trotzkopf

Als Teenager nahm ich es mit Freizeitaktivitäten nicht mehr so genau. Sport interessierte mich nicht mehr. Die Wettkämpfe am Sonntag nervten. Die Gitarrenstunden, um die ich wochenlang gebettelt hatte, ließ ich ebenfalls schnell wieder sausen. Obwohl meine Eltern alle Hebel in Bewegung gesetzt hatten, eine Gitarre für mich zu beschaffen. Die gab es in der DDR nicht einfach im Laden. Nur über Umwege bekamen meine Eltern eine Adresse im Erzgebirge, wo sie dann für viel Geld eine Gitarre kauften. Zweimal ging ich zum Gitarrenunterricht, dann hatte ich keine Lust mehr.
Meine Eltern ließ ich zweimal in der Woche in dem Glauben, ich sei in der Musikstunde. Ich versteckte die Gitarre hinter einem Baum an der Bushaltestelle und fuhr ins nächste Dorf. Ein Wunder, dass die Gitarre nie geklaut wurde. Über solche Dinge machte ich mir damals keine Gedanken. Der Schwindel flog auf, als meine Mutter zufällig meinen Gitarrenlehrer traf.
„Wie macht sich Conny im Gitarrenunterricht?“, fragte sie.
„Talent hat sie. Wenn sie denn auch mal kommen würde …“, antwortete der Lehrer und konnte sich

ein Grinsen nicht verkneifen. „Mensch, Conny, warum schwänzt du denn den Gitarrenunterricht? Denk' doch an das teure Ding", schimpften meine Eltern. Lange böse waren sie mir nicht und hakten das Ganze unter „pubertäre Flausen" ab.
Mit 14 hatte ich andere Interessen. Am liebsten ging ich mit meiner Freundin Elke in die Disko. Meine Eltern waren streng. Woche für Woche spielte sich bei uns zu Hause das gleiche Szenario ab.
„Conny, du kannst noch nicht abends weggehen. Du bist erst 14. Da kann sonst was passieren", sagte meine Mutter bestimmt.
„Wieso denn nicht? Elke ist doch dabei. Ich passe schon auf mich auf. Wie ihr euch immer anstellt. Jahrelang habt ihr euch beschwert, ich sei unfähig, etwas alleine zu unternehmen. Jetzt will ich selbständig sein und ihr lasst mich nicht", reagierte ich trotzig.
Äußerst selten ließen mich meine Eltern in die Disko. „Du darfst bis 22 Uhr bleiben", sagten sie zum Abschied und zeigten auf die Uhr. „Bitte sei pünktlich."
„Alle dürfen länger bleiben, nur ich muss wieder so früh nach Hause. Ich warte auf die anderen und geh' dann mit ihnen", maulte ich.
„Wenn es deine Freunde sind, dann gehen sie mit dir um zehn Uhr nach Hause", blieb meine Mutter ungerührt.
Für die Disko machte ich mich schick. Ich zwirbelte mir eine Nenafrisur, schminkte mich, zog mein rotes T-Shirt, das vorne groß mit BAP –

meiner damaligen Lieblingsband – bedruckt war, und die weiße Levis an, die mir Tanten aus dem Westen geschenkt hatten. Die Disko befand sich im Nachbarort. Wir waren eine Clique von vier Mädchen. Mit dem Bus fuhren wir nach Ernstroda. Den Namen der Disko weiß ich nicht mehr. Wir nannten sie einfach unsere Dorfdisko. Ein einfacher Saal mit einem Tresen, fünf Barhockern und einer großen Tanzfläche. Jeder kannte jeden. Nur selten verirrten sich Unbekannte dorthin. Wir tanzten zu Nena und Depeche Mode und tranken Batida Kirsch.

Nach Hause gingen wir die zwei Kilometer zu Fuß. Immer in Begleitung. Nie alleine. Im Winter war es einfacher. Ein Junge aus dem Dorf hatte ein Moped, an dem wir einen Schlitten befestigten, uns darauf setzen und gemütlich den Berg nach Friedrichroda hinunterrollten.

Da ich so selten ausgehen durfte, verspätete ich mich in der Regel um Stunden. Meine Eltern hatten schnell die Nase voll von meiner Unzuverlässigkeit und holten mich von der Tanzfläche. Dann wurde es peinlich für mich. Meine Mutter zeigte von weitem auf die Uhr. Ich ging hin und bat: „Bitte, nur noch dieses eine Lied." Meine Mutter ließ sich nicht erweichen. „Verabschiede dich auf der Stelle." Ich ging zurück zu meinem Tanzpartner: „Ich muss gehen, sonst wird meine Mutter sauer." Ich kam mir vor wie ein Kleinkind. Die Erziehungsmaßnahme zeigte Wirkung. Seit diesem Vorfall bin ich nie mehr unpünktlich gewesen.

Der Trotzkopf Conny mit 15 Jahren.

Jugendweihe

Meine Eltern standen nicht hinter dem sozialistischen Einheitsstaat. Aber sie hatten großen Respekt vor dem DDR-Regime und vertraten den Grundsatz: Nur nicht auffallen. Nur nicht öffentlich Honecker und Co. kritisieren. Obwohl meine Eltern liberal sind, was andere Meinungen angeht, wussten sie um die Schattenseiten der DDR: Wer sich dem Staat gegenüber nicht loyal verhielt, bekam Schwierigkeiten. Wie gerne wären meine Eltern zu unseren Verwandten nach Hannover gereist. Sie stellten Urlaubsantrag um Urlaubsantrag. Kein einziger wurde genehmigt. Alle abgelehnt. Willkürlich. Ohne Angabe von Gründen. Meine Tanten und Onkel konnten uns besuchen. Meine Eltern durften nie über die Grenze. Es lag wohl daran, dass sie nicht in der Partei waren.

Für meine Zukunft wollten meine Eltern nur das Beste. Mir sollten keine Nachteile entstehen. Deswegen schickten sie mich parallel zur Christenlehre zu den Jungen Pionieren. Auch in der FDJ verpflichtete ich mich für ein paar Jahre.

An der Jugendweihe musste ich mit 14 Jahren aus Anstand teilnehmen. Für mich war es eine öde Pflichtveranstaltung. Die Jugendlichen saßen fein zurechtgemacht in einem großen, schmucklosen Saal und hörten Vorträge über Marx und Lenin.

Dann wurden wir gefragt: „Werdet ihr zuverlässige Mitglieder der sozialistischen Gesellschaft?“
„Ja, das geloben wir“, antworteten wir.
Danach überreichte uns ein Funktionär ein Buch mit dem Titel „Der Sinn des Lebens – Vom Arbeiter- und Bauernstaat“ und alle Jugendlichen, die geehrt wurden, posierten in Zehner-Gruppen fürs Erinnerungsfoto und schauten schüchtern in die Kameras. Nach dem offiziellen Teil sollten wir plötzlich erwachsen sein. Ein Schritt, der mit rauschenden Festen begangen wurde.
Für mich gab es keine Feier im Gasthaus. Mein großer Tag folgte zwei Wochen später, als ich konfirmiert wurde. Alle meine Lieben waren da, sogar unsere Verwandten aus dem Westen reisten an. Es waren um die 100 Personen, die mich feierten. Wir hatten einen Raum in einem Hotel gemietet, das heute nicht mehr existiert. Ich fühlte mich wie im Rausch. Tante Jutta hatte mir mein Festgewand genäht: einen dunkelblauen, langen Samtrock und die passende Steppweste. Onkel und Tanten aus dem Westen hatten Fisch, Käse, Kaffee und frisches Obst fürs Büfett mitgebracht. Ich habe noch genau mein Geschenk vor Augen, das ich mir von meiner Patentante gewünscht hatte: eine flache Quarzuhr mit beigen Lederarmband und digitaler Anzeige. Diese Uhren waren der Hit für Jugendliche in der DDR.
Nach der Konfirmation erwarteten mich noch zwei Schuljahre. In dieser Zeit machte ich es meinen Eltern nicht leicht. Ich war eine Tochter, die gerne

diskutierte und Widerworte gab. Diplomatie ist nicht meine Stärke. Ich sagte ungeschminkt, was ich dachte. Ständig warnten mich meine Eltern: „Conny, behalte deine Meinung für dich. Hier bei uns am Esstisch darfst du sagen, was du denkst. Aber draußen hat dein Geschimpfe auf die roten Socken nichts verloren. Denk' an die Folgen."
Ich hörte nicht auf sie, machte munter weiter. In der Schule legte ich mich mit den Lehrern an. Als die Lehrerin in Staatsbürgerkunde den Sohn des Pfarrers wegen seines Glaubens demütigte: „Ja, du sei bloß still. Du hast keine Ahnung. Du denkst doch, Gott hat ein Staubkorn angepustet und daraufhin sind die Kinder entstanden", konnte ich mich nicht beherrschen und verteidigte ihn vor versammelter Klasse. „Was soll denn das? Sie haben Sebastian zum Weinen gebracht. Lesen Sie doch mal die Bibel. Da steht alles geschrieben", sagte ich frech. Erbost schickte uns die Lehrerin vor die Tür. Die Strafe war mir egal. Ich habe bis heute ein ausgeprägtes Gerechtigkeitsempfinden. Ungerechtigkeiten kann ich nicht leiden. Das war schon damals so: Wenn in meinen Augen jemand unfair behandelt wurde, ergriff ich Partei für ihn. Einfach munter drauf los. Ohne zu überlegen. Ohne an die Konsequenzen zu denken.
In dieser Zeit begegnete ich meiner ersten großen Liebe. Ich war 16, besuchte die zehnte Klasse und befand mich gerade auf Abschlussfahrt am

Scharmützelsee bei Berlin. Eines Tages traf ich ihn. Benito W. aus Potsdam. 19 Jahre alt. Ein Punk mit Irokesenschnitt. Er trug Armeehosen und eine Lederjacke mit orangegelben Streifen. Sein Aussehen schreckte mich nicht ab. Schräge Typen, die sich von der Masse abhoben, gefielen mir. Wir kamen sehr schnell ins Gespräch, verstanden uns ausgezeichnet, knutschten. Er konnte unglaublich witzig sein, war sehr charmant und hatte eine Lebenseinstellung, die gut zu meiner passte. Soweit ich das nach dem ersten Treffen beurteilen konnte.

Als die Klassenfahrt zu Ende ging, tauschten wir Adressen aus und schrieben uns seitenlange Briefe. Einmal rief er an: „Conny, ich würde dich gerne besuchen."

„Klar, wann willst du kommen?", fragte ich.

Er nannte ein Datum und meinte: „Ist es schlimm, wenn meine Haare grün sind? Was sagen deine Eltern dazu?"

Das fand ich sehr höflich, dachte kurz nach und bat ihn: „Meine Eltern sind eigentlich locker. Aber ich weiß nicht, ob grüne Haare nicht zu viel des Guten sind. Macht es dir was aus, mit normalen Haaren zu kommen?"

Das machte er dann auch. Es war wunderschön. Nach einem dreiviertel Jahr war Schluss mit unserer Beziehung, die mehr eine Briefliebe war.

„Hallo Conny", schrieb er. „Ich kann dir nicht mehr so oft schreiben. Ich werde Vater." Das war meine erste große Liebe. Der Kontakt zu Benito ist nie ganz abgebrochen. Alle ein, zwei Jahre erhalte ich ein Lebenszeichen von ihm. Es geht ihm gut. Vielleicht hat mich Benito durch seine lockere Art unbewusst dazu verführt, mir noch weniger gefallen zu lassen. Schwer zu sagen. In meinem letzten Schuljahr empfand ich weiterhin Freude in der Provokation. Unsere Verwandten aus dem Westen schickten uns Camel-Zigaretten. Damals rauchte in unserer Familie keiner. Mein Vater schenkte sie den Stammkunden zu Weihnachten. Ich stibitzte jedoch heimlich ein paar Schachteln und besserte auf dem Schulhof mein Taschengeld auf. Beim Schulappell sang ich aus Prinzip eigene Texte anstelle der Kampflieder. Ich war ein Störenfried, fiel auf und gab nicht klein bei. Die Quittung bekam ich im Schulabschluss-Zeugnis. Ich war 16 und hatte eine Vier in Staatsbürgerkunde. Man muss dazu sagen, dass es in der DDR keine Sechser gab. Meine Zensur entsprach also dem, was heute eine Fünf ist. Der Rest war guter Durchschnitt. Was sollte nun aus mir werden?

Was soll ich werden?

Als ich die Schule verließ, war ich 16 Jahre alt und wusste nicht, was ich werden sollte. Schaufensterdekorateurin wäre genau mein Ding gewesen. Ich liebte es, mein Zimmer umzuräumen und umzudekorieren, malte sehr gerne. Es wurde nichts daraus. Mit der schlechten Note in Staatsbürgerkunde konnte ich eine Lehrstelle vergessen. „Mist", dachte ich in diesem Moment. „Ich hätte mich doch mehr anpassen müssen. Dann könnte ich jetzt meinen Traumberuf erlernen."
Es half nichts. Ich brauchte eine Alternative. Aber welche? Meine Eltern machten sich allmählich Sorgen wegen meiner Unentschlossenheit. Eines Tages baten sie mich zu einem ernsten Gespräch ins Wohnzimmer.
„Mädchen, lern' Köchin oder werde Kellnerin", sagte mein Vater.
„Ich weiß nicht. Meint ihr? Den ganzen Tag in der Küche stehen? Das ist doch langweilig. Ich möchte etwas Kreatives", erwiderte ich.
„Als Köchin kannst du auch kreativ sein. Du kannst das Essen besonders schön auf den Tellern anrichten und ausgefallene Menüs zusammenstellen", machte mir meine Mutter den ungeliebten Job schmackhaft. Ich willigte ein. Der Vorteil: Ich musste keine Bewerbungen schreiben. Ich hatte die Lehrstelle sicher. Die Stelle war am Ort. Wenn ich wollte, konnte ich im Ferienheim „August Bebel"

des FDGB (Freier Deutscher Gewerkschaftsbund) anfangen. Nach der Wende wurde es zum Berghotel umgebaut – mit 457 Zimmern und einem großen Wellnessbereich. Die Lehrstelle bekam ich aus einfachem Grund ohne Aufwand: Friedrichroda ist ein Touristenzentrum und hat ein großes Skigebiet. In der Gastronomie wurden händeringend Mitarbeiter gesucht.

Das kam mir sehr gelegen. Von daheim wollte ich nämlich auf keinen Fall weg. Ich hing abgöttisch an meinen Eltern und wäre nie ohne sie in die weite Welt hinaus. Das Heimweh hätte ich nicht ertragen.

Lust verspürte ich nach wie vor keine. Doch die Hauptsache war: Ich konnte weiterhin zu Hause wohnen und musste in kein Lehrlingsheim.

Erstaunlicherweise gefiel mir die Ausbildung. Ich verdiente eigenes Geld, übernahm Verantwortung, und meine Eltern wurden großzügiger, was das Nachtleben angeht.

Meine Mutter hatte Recht behalten. Manchmal konnte ich meine kreative Ader ausleben. Ich bereitete Strohkartoffeln zu oder schnipselte aus Äpfeln Fächer. Wider Erwarten wurden meine Lehrjahre sehr lustig. Das verdanke ich nicht zuletzt einem guten Freund, Aurick, den ich von der Schule kannte. Wir hatten nur Mist im Sinn.

„Hey, Conny, ich werf mal die Sauerkirschen zu dir rüber“, grinste er.

„Ich fange“, rief ich zurück. Der Saft spritzte die Wände voll. Da nahmen wir den Butterpinsel, der eigentlich für den Stollen bestimmt war, rührten das Mehl in Wasser zu einem dicken Brei und strichen die Wände. Auf den ersten Blick sah es einwandfrei aus. Nachdem es getrocknet war, bröselte jedoch alles von den Wänden.

„Was habt ihr denn da gemacht?“, sagte unser Chef, als er das Malheur bemerkte, und fügte hinzu: „Wann ist euer nächster freier Tag? Dann sehen wir uns und ihr streicht die Wand wieder weiß.“

Das saß. Ich konnte mir in meiner Freizeit schönere Dinge vorstellen.

Wir waren Kindsköpfe. Aus der Schule entlassen, aber noch weit davon entfernt, uns wie Erwachsene zu benehmen. Bei der Abschlussprüfung sollte es als Vorspeise eine klare Suppe mit Eierstich geben. Wir kochten zusammen eine und teilten sie dann brüderlich.

„Was ist das denn?“, fragte uns der Prüfer ungerührt und ließ uns noch einmal von vorne anfangen. Diesmal strengten wir uns an und machten alles richtig. Die Prüfung schloss ich mit gut ab. Nach der Lehre durfte ich bleiben.

Familienidyll

„Komm' wir gehen mal wieder richtig aus", sagte meine Freundin Elke eines Abends zu mir.
„Klar, ich hole dich um zehn Uhr ab. Dann fahren wir nach Tabarz", entgegnete ich.
An diesem Herbstabend traf ich meinen ersten Mann. Wir hatten schon eine Weile getanzt, Batida Kirsch getrunken und Jungs angeflirtet. Einer in der Clique, die uns aufgefallen war, hieß Dirk. Er war so alt wie ich. Siebzehn, blond und sehr lustig. Er brachte mich zum Lachen. Wir tanzten die halbe Nacht zu Liedern von Depeche Mode. Als es schon recht spät war und wir müde wurden, verabredeten wir uns für das nächste Wochenende am gleichen Ort.
Berauscht ging ich nach Hause und fieberte unserem nächsten Wiedersehen entgegen. Es wurde wieder ein sehr schöner Abend. Wir trafen uns immer öfter. Von Mal zu Mal fühlte ich mich stärker zu ihm hingezogen. Wir wurden ein Paar.
Meine Eltern waren begeistert: „Da hast du einen sehr Netten ausgesucht", sagten sie zu mir, als sie ihn kennen gelernt hatten, und waren einverstanden, dass er bei uns übernachtete.
Dirk hatte seine Ausbildung zum Binnenschiffer abgeschlossen, entschloss sich nun aber, auf Klempner umzusatteln. Dann könnte er eventuell später Vaters Betrieb übernehmen. Als ich mit 18 Jahren schwanger wurde, schien das Glück

komplett. Wir zogen in eine große Wohnung im Haus meiner Großeltern. Möbel brauchten wir kaum anzuschaffen. Wir peppten das alte Schlafzimmer meiner Großeltern auf und bemalten es beige-blau. Ins Wohnzimmer stellten wir eine Couch aus Cord, die günstig gewesen war. Die erste eigene Wohnung war genial. Sie vermittelte ein Gefühl von Freiheit.

Unsere Tochter Nadine kam am 1. Februar 1988 zur Welt. Kurz darauf feierten wir „Traufe". Nadine wurde getauft und gleichzeitig heirateten wir. Ganz in Weiß. Es war ein großes Fest mit Familie und Freunden.

Ich schwebte an diesem Tag natürlich auf Wolke sieben und jubelte innerlich: „Das ist es. Ich habe Ehemann und Kind. Ich bin der glücklichste Mensch auf der Welt." Während Dirk, ein liebevoller Vater und Ehemann, arbeitete, ging ich in meiner Mutterrolle auf. Ich war eine richtige Gluckenmama. Das konnte ich nie ganz abstellen. Nadine studiert inzwischen Germanistik in Erfurt, aber es fällt mir immer noch schwer, loszulassen.

Unser Familienidyll hielt nicht lange. Zwei Jahre lebte ich ruhig und zufrieden. Dann kam die Wende. Ich erkannte: Das Leben mit Dirk ist nicht das, was ich gesucht habe. Ich fühlte mich unwohl, war unzufrieden. Angst quälte mich. Ich wusste nur nicht wovor. Aus der großen Liebe wurde Distanz. Ich klammerte mich an Nadine, Dirk verabredete sich mit Kumpels, um Bier zu trinken oder Fußball zu schauen. Irgendwann merkte ich:

Das ist es nicht. Es muss noch etwas anderes in meinem Leben geben.
Ich trennte mich von Dirk. Ihn trifft keine Schuld. Er konnte mich nicht halten. Unsere Ehe wurde geschieden. Ohne Rosenkrieg. Wir fuhren gemeinsam zur Scheidung, stießen hinterher mit einem Glas Sekt an. Wir hatten wunderschöne Jahre zusammen erlebt. Andere Frauen würden mich um diesen Mann beneiden. Damals konnte ich nicht anders. Wir sind gute Freunde geblieben, worüber ich sehr froh bin.
Ich war nicht am Ziel angekommen. Ich war auf der Suche. Es fehlte etwas in meinem Leben. Ein bekanntes Symptom bei eineiigen Zwillingen, wenn sie voneinander getrennt leben.
Heute ist meine Einstellung über meine Entscheidung von damals eine andere: Ich denke, wir waren beide zu jung, um uns ewig zu binden. Vielleicht wäre mein Leben in ruhigeren Bahnen verlaufen, wenn ich Ulli von Geburt an gehabt hätte. Diese „Was wäre, wenn …"-Gedankenspiele sind müßig. Ich bin mir jedoch sicher: Mein Leben wäre weniger turbulent geworden.

Auf der Suche nach dem Glück

In den nächsten Jahren wurde ich immer wieder aus der Bahn geworfen. Ich schlitterte von einer Beziehung in die nächste. Ein Mann löste den anderen ab. Ich konnte nicht allein sein.
„Conny, meinst du nicht, dass du nach deiner kaputten Ehe erstmal zur Ruhe kommen solltest?“, redeten mir meine Eltern gut zu, die mir wegen Dirk nie Vorwürfe gemacht hatten, obwohl sie sicher enttäuscht waren, dass unsere Ehe nicht hielt.
Ich hörte nicht auf kluge Ratschläge, führte ein wildes Leben. Ich lernte Ronny kennen. Ein sehr großer gut aussehender Mann mit dunklen Haaren. Wir waren Arbeitskollegen im Hotel.
„Vielleicht habe ich endlich das gefunden, was ich suche. Mit ihm klappt es bestimmt“, sagte ich zu meiner besten Freundin und schwärmte ihr von Ronny vor.
Am Anfang waren wir glücklich. Ronny hatte Nadine ins Herz geschlossen, was für mich das Wichtigste war. Ein Mann, der meine Tochter nicht akzeptiert, wäre nie in Frage gekommen. Ein Jahr später heiratete ich zum zweiten Mal. Ronny und ich bekamen eine Tochter. Maria wurde am 11. Februar 1990 geboren.
Es war die Zeit, als die Mauer gefallen war und aus dem geteilten Deutschland ein Land wurde. Ein sehr bewegender Moment. Im Sommer 1989

hatte ich in den Zeitungen gelesen und in den Nachrichten gesehen, dass viele Menschen über Ungarn in die BRD geflüchtet waren.
„Es haben wieder einige geschafft", rief ich Ronny jubelnd zu, wenn die Meldungen im Fernsehen gezeigt wurden.
Von den Montagsdemonstrationen wusste ich schon länger. Ich bewunderte diese Menschen für ihren Mut, für Demokratie zu kämpfen und für ein freies Leben alles zu riskieren. Ich wäre am liebsten selbst nach Leipzig gefahren und hätte mich unter die Menge gemischt. Ich verwarf diese Idee schnell wieder. Ich war schwanger und wollte mein Kind nicht gefährden. Ich konnte die Lage dort nicht einschätzen und blieb lieber zu Hause.
Es herrschte Aufbruchstimmung. Der Fall der Mauer rückte näher. Am 9. November 1989 saß ich hochschwanger und gebannt zu Hause vor dem Fernseher. Ich sah, wie die Mauer fiel und die Menschen sich am Brandenburger Tor jubelnd umarmten. Ich weinte und hatte nur einen Gedanken im Kopf: Was bringt die Zukunft?
In dieser aufgedrehten Stimmung reflektierte ich auch mein eigenes Leben. Ich dachte an die Adoption, an Geschwister, die möglicherweise gerade über den Bildschirm laufen, die mich nicht kennen, die keine Bekanntschaft mit mir schließen möchten und mich alleine zurücklassen. Die Frage nach meinen leiblichen Eltern stellte ich mir auch

jetzt nicht. Es herrschte ein ziemliches Chaos in meinem Kopf. Auf der einen Seite freute ich mich riesig, dass es für die Bewohner der DDR keine Grenzen mehr gab, auf der anderen Seite spürte ich Angst, was mein eigenes Leben betraf.
Diese Angst war nicht unbegründet. Nach dem Mauerfall änderte sich vieles. Zum Positiven wie zum Negativen. Viele Menschen wurden arbeitslos, da Betriebe geschlossen wurden. Auch ich war davon betroffen. Das Ferienheim, in dem ich gearbeitet hatte, gab es nicht mehr. Ich verlor meinen Job.
Mir blieb keine Zeit zum Jammern. Ich musste stark sein für meine Tochter Maria. Ich genoss die ersten drei Jahre in vollen Zügen, war glücklich mit meinen Kindern und meinem Mann.
Nachdem Maria in den Kindergarten gekommen war, rückte das Thema Beruf wieder stärker in den Vordergrund. Ich sagte zu meinen Eltern. „Ich möchte unbedingt wieder arbeiten, aber es muss ein kreativer Beruf sein."
Schaufensterdekorateurin schwebte nach wie vor in meinem Kopf herum. Eine alte Ost-Schaufensterpuppe hatte ich schon ergattert, die das Wohnzimmer schmückte.
Ich entschloss mich, eine Ausbildung zur Werbekauffrau zu beginnen. Ich bekam einen Platz. In Hannover. In einem dreimonatigen Praktikum sollte ich erst einmal meine Fähigkeiten unter Beweis stellen. Dann würde man weiter sehen. Die Zeit in der Agentur für Industriedesign hat

mir sehr viel Spaß gemacht. Ich war im richtigen Job. Ich wohnte in einer winzigen möblierten Zweizimmer-Wohnung. Die Kinder blieben bei Ronny. Meine Eltern kümmerten sich tagsüber liebevoll um sie.
Dieses Praktikum machte ich nur 60 Kilometer entfernt von meiner Zwillingsschwester. Was wäre wohl passiert, wenn sie mir in Hannover über den Weg gelaufen wäre? Das doppelte Lottchen? Abwegig ist das nicht. Ulli hielt sich öfter in Hannover auf zum Bummeln und Shoppen. Bei diesem Gedanken läuft es mir eiskalt den Rücken hinunter.
Die drei Monate in Hannover entfremdeten mich von meinem Mann. Ich merkte, ich vermisste Ronny kaum. Es folgte Scheidung Nummer 2. Danach lebte ich allein mit meinen Kindern. Meine Eltern halfen mir und passten sehr gerne auf ihre Enkel auf. Hannover hatte ich abgeblasen. Allein mit zwei Kindern in einer fremden Stadt? Das hätte ich nicht gepackt. Ich hing an meinem Zuhause, also machte ich die Ausbildung in Thüringen.

Danke, Anke

Das Leben als Alleinerziehende gefiel mir streckenweise sehr gut. Ich ging an den Wochenenden tanzen und lernte viele Menschen kennen. Immer mit dabei: Meine beste Freundin Anke. Eine kleine, zierliche Blondine. Ein Sonnenschein.
Sie war und ist immer da, wenn Not am Mann ist. Sie half mir durch schwere Zeiten, begleitete mich bei meiner ersten Scheidung zum Anwalt, tröstete mich und sorgte dafür, dass ich abgelenkt war. Sie und meine Kinder waren ein Herz und eine Seele. Wir unternahmen viel zu dritt. Anke ist wie eine Schwester für mich.
Anke hat einen großen Bruder. Ein großer, blonder Typ mit jungenhaftem Charme. Es fing als Geplänkel an. Wir alberten zusammen herum, verstanden uns blind. So fing diese Beziehung an, die fünf Jahre halten sollte.
Nach den Höhen und Tiefen, die ich erlebt hatte, war ich glücklich. „Das ist ja mal etwas ganz Anderes. Endlich einmal jemand, bei dem Langeweile keine Chance hat“, dachte ich und war zufrieden. Mit Maik gab es keinen Alltag. Jeder Tag war ein Abenteuer. Er war spontan, hatte immer ausgefallene Ideen.
„Komm, Conny, wir fahren übers Wochenende an die Ostsee“, sagte er an einem Donnerstag zu mir.
„Aber wir haben doch gar keine Unterkunft“,

antwortete ich verhalten. „Da finden wir leicht irgendetwas. Und wenn alles ausgebucht ist, haben wir immer noch das Auto“, wischte er meine Bedenken mit einem Satz weg.
Maik war immer für Überraschungen gut. Mir war das nicht genug. Nach fünf Jahren ging auch diese Beziehung in die Brüche. Ich erkannte: Auch Maik ist nicht der Richtige. Diesmal war ich unschlüssig, lag nachts wach im Bett und grübelte: Ist es richtig, sich schon wieder zu trennen? Ich dachte an meine zwei Mädchen: Wie verkraften es Nadine und Maria, wenn die nächste Bezugsperson in ihrem Leben weg ist?
Der Schritt tat weh, aber ich konnte nicht zurückrudern. Ich beendete auch diese Beziehung. Ich war an einem Punkt angelangt, an dem ich die häufigen Stimmungs-Schwankungen von Himmel hoch jauchzend bis zu Tode betrübt kaum mehr ertrug: Ich hatte Sehnsucht nach dem großen Unbekannten. Ich fragte mich: Ist das noch normal? Dieses flatterhafte Wesen? Dieses in regelmäßigen Abständen wiederkehrende Gefühl, das ist es, um dann kurze Zeit später festzustellen, das ist es doch nicht. Jedes Mal mit der Konsequenz, auszubrechen aus dem Alltagstrott. Auf der Suche nach dem richtigen, dem wahren Leben, von dem ich keine Ahnung hatte, was es war.
In diese Überlegungen platzte Ullis Anruf. Ich hatte die Gewissheit: Ich habe eine Schwester,

eine Zwillingsschwester! Wie später klar wurde, eine eineiige. Auf einen Schlag war klar: Sie ist die Unruhe in mir. Sie ist die unbekannte Sehnsucht. Endlich ist meine Rastlosigkeit vorbei. Ich bin bei mir angekommen. Im Alter von 26 Jahren.

II. TEIL:
GESUCHT UND GEFUNDEN
(1990 - 1995)

Ulli sucht Conny

Als die Wiedersehensfreude mit meinen Eltern abgeflaut war, sprach ich in einer ruhigen Minute die Adoption an.

„Wie habt ihr mich aus dem Heim geholt?“, fragte ich meine Eltern. Sie erzählten mir die ganze Geschichte, und ich erfuhr von meiner Zwillingsschwester. Alles wollte ich über Conny wissen und quetschte meine Eltern aus wie eine Zitrone. Nach und nach erzählten sie mir, dass Cornelia ihr Name sei, sie als Baby voller im Gesicht gewesen sei, und dass sie meine Schwester an besagtem Tag im September 1969 nur kurz sehen durften, weil bereits fest gestanden habe, Cornelia kommt in eine andere Familie.

Die Wahrheit hatte zwei Seiten. Ich freute mich sehr über diese gute Nachricht und sah viele Verhaltensweisen der Vergangenheit wie zum Beispiel meine Verlustangst erklärt. Ich hatte diese Besonderheit schon länger vermutet, allerdings stets auf Claudia bezogen. Im gleichen Atemzug war ich traurig, denn man hatte mir mein Leben mit meinem Zwilling geraubt. Einfach so! Ich begriff nicht, wieso im Heim unsere Trennung zugelassen worden war.

Die nächsten Wochen und Monate kam ich aus dem Grübeln nicht heraus. Ich zermarterte mir den Kopf, wie ich sie möglichst schnell finden könnte. Dann sah ich die Mauer vor mir, die es meiner

Auffassung nach unmöglich machen würde, sie zu finden. Das neue Leben in Mainz stürzte auf mich herein. Ich musste mich erst im Westen zurechtfinden.
So vergingen die Jahre, und ich verdrängte die konkreten Gedanken an die Suche nach Conny immer mehr. Jedes Jahr am 4. April, unserem Geburtstag, nahm ich mir fest vor: „Bald werde ich sie suchen und finden."
Dann verwarf ich die Idee wieder. Aus Angst. Aus Angst, mitten in ihr Leben zu platzen, ohne dass Conny von ihrer Adoption weiß. Aus Angst, ich würde sie aus der Bahn werfen. Ich überlegte dann, sie heimlich zu suchen, ihre Adresse herauszubekommen, und sie zu beobachten, als eine Art „versteckter Ermittler". Wilde Theorien kreisten in meinem Kopf.
Die Mauer fiel, und ich dachte wieder nur an Conny: „Nun kann ich sie ja suchen. Vielleicht finde ich sie jetzt schneller. Was aber ist, wenn sie auch sofort in den Westen gegangen ist? Erschwert oder erleichtert das die Suche?
Noch fast sechs Jahre. Erst dann sollte ich Conny wieder haben. Die Familie hatte sich im Westen gut eingelebt. Papa lebte mittlerweile in Bad Pyrmont, eine 20000-Einwohner-Stadt südwestlich von Hannover, die zwischen Hameln und Paderborn liegt. Es ist die älteste Kurstadt Deutschlands, die einst berühmte Gäste wie Goethe, Lessing und

Herder beherbergte. Nach Urlaubsvertretungen hatte Papa eine Praxis übernommen und arbeitete wieder als selbständiger Arzt.
Wir telefonierten regelmäßig. Er wollte wissen, wie es seiner Tochter in der neuen Umgebung ergeht. Es blieb ihm nicht verborgen, dass ich mich manchmal einsam fühlte. Eines Tages machte er den Vorschlag: „Ulli, wie findest du die Idee, zu mir in die Nähe zu ziehen?“, fragte er mich.
„Aus Mainz weg? Ich weiß nicht, Papa. Es stimmt, ich fühle mich öfter allein. Andererseits lebe ich gerne hier, habe nette Freunde und sehe Claudia und Mama regelmäßig“, antwortete ich.
Je mehr ich darüber nachdachte, umso mehr freute ich mich jedoch über Papas Angebot. Es zeigte mir auf die schönste Art: Ich bin immer für dich da.
Ich überlegte lange. Äußere Umstände bewogen mich schließlich dazu, nach Bad Pyrmont zu ziehen. Claudia zog mit ihrem Freund nach Mannheim, Mama und Helmut ließen sich in der Lüneburger Heide nieder, meine beste Freundin ging mit ihrem Freund nach Amerika. Alle hatten mich verlassen. Philipp und ich waren allein. Für mich war klar: Bad Pyrmont ist die Chance für einen Neuanfang.
Ich fuhr zu meinem Vater. In den nächsten beiden Wochen suchten wir einen Job, eine Kinderbetreuung und eine Wohnung. In einem Seniorenheim konnte ich sofort als Pflegerin anfangen. Eine Tagesmutter, ich wurde einige Jahre später Patentante ihrer Tochter Yvonne, und

eine behagliche Zweizimmer-Wohnung unterm Dach hatten wir ebenfalls zügig gefunden.
Wenig später stand der Umzugswagen vor unserer Haustür in Mainz. Der Abschied von der Stadt, in der ich meine Eltern wiedersah, in der ich meine erste große Liebe traf, war komisch, fiel mir aber nicht wirklich schwer. Ich freute mich auf das Leben in Bad Pyrmont. In Papas Nähe. Es konnte nichts schief gehen. Ich war 21 Jahre alt.
In der neuen Wohnung machten Philipp und ich es uns gemütlich. Eine Arbeitskollegin schenkte mir eine Schaufensterpuppe, die ich schon immer haben wollte. Sie war der Hingucker des Wohnzimmers.
Während einer Schicht im Seniorenheim lernte ich meine beste Freundin kennen. Sonja alias Aischa und ich schwimmen auf einer Wellenlänge. Sie ging mit mir durch dick und dünn. Sie ist ein wichtiger Teil meines Lebens und eine wichtige Bezugsperson für meine Kinder. Als wir uns trafen, war sie Single. Sie genoss es, an unserem Familienleben teilzuhaben, spielte stundenlang mit Philipp, besaß eine Engelsgeduld, die mir bisweilen fehlte. Sie geht bei uns ein und aus. Eigentlich gehört sie zur Familie. Sie verkörpert Schwester, Mutter und Freundin in einer Person. Ich kann ihr nicht genug danken für das, was sie für mich und meine Kinder getan hat.
Irgendwann verliebte sich Sonja in einen Mann

mit Tochter und hatte ihre eigene kleine Familie. Sie konnte nicht mehr sooft für uns da sein. Erneut wurde ich von einer schrecklichen Verlustangst geplagt. Wenn sich neue Lebensumstände ergaben und ein geliebter Mensch nicht mehr so viel Zeit für mich hatte, hatte ich das Gefühl: Ich bin verlassen worden.

Nach sechs Monaten in Bad Pyrmont lernte ich Michael, einen Rettungsassistenten, kennen. Er kümmerte sich liebevoll um Philipp, was mir gefiel. Ich wollte ihn nur als Freund. Eine Beziehung mit ihm stand für mich anfangs nicht zur Debatte. Er blieb hartnäckig am Ball, warb um mich. Eines Tages hatte er mich überzeugt: Wir wurden ein Paar. Am 17. September 1993 kam unser Sohn Jonas auf die Welt.

Ich hörte nicht auf zu arbeiten. Michael und ich wechselten uns im Schichtdienst ab. Im September 1994 heirateten wir. Es war keine Liebesheirat. Sie wurde aus Vernunft geschlossen. Diese Ehe war von vorneherein zum Scheitern verurteilt. Als wir uns drei Jahre später scheiden ließen, hatte ich Conny seit zwei Jahren wieder. Michael ist ein netter, lieber Typ, aber er war nicht der Richtige. Nicht für mich. Ich fühlte mich nicht wohl. Ich floh auf und davon. Ich suchte etwas Anderes. Ich suchte meinen Zwilling.

Seit ich von Conny erfahren hatte, waren elf Jahre vergangen. Ich schmiedete Pläne, zur Malschule zu gehen. Ich musste eine Aufnahmeprüfung machen und zeichnete einen Stoffturnschuh. Es war schon

immer mein Traum gewesen, professionell zu zeichnen. Zeichnen ist ideal zur Entspannung. Ich vergaß meine Ängste. Ich bestand die Prüfung mit der Note drei.
Ende September 1995 saß ich mit Freundinnen im Wohnzimmer und wir plauderten. Auch diesmal kam das Thema Zwilling zur Sprache. Wichtige Menschen in meinem Umfeld hatten mich in den zurückliegenden Jahren regelmäßig darauf hingewiesen:
„Such' deine Zwillingsschwester. Erst dann wirst du zur Ruhe kommen", ermahnte mich meine Busenfreundin Sonja immer wieder.
Meine Freundinnen kannten meine Ängste nicht. Ich hatte nicht mit ihnen über meine Bedenken gesprochen: „Ich kann nicht einfach in ihr Leben platzen. Was ist, wenn sie nichts von mir wissen will?", grübelte ich still vor mich hin. Meine Gedanken drehten sich wie immer im Kreis.
An diesem Abend redeten sie erneut auf mich ein: „Du schiebst es immer wieder vor dir her, deinen Zwilling zu suchen. Du wirst es nie anpacken. Wenn nicht jetzt, wann dann?"
„Nicht schon wieder diese Leier", fauchte ich sie wie eine wilde Katze an. Ich wollte es nicht hören, weil ich wusste, dass sie Recht hatten. Das wurde mir jetzt schlagartig klar. Ich war an dem Punkt angelangt, an dem ich keine Rücksicht mehr nehmen wollte, eventuell Connys Gefühle zu

verletzen. Ich hatte genug von der Ungewissheit. Ich sagte mir im Innern: „Conny ist alt genug. Sie kann die Wahrheit verkraften. Selbst wenn sie nichts von der Adoption und einem Zwilling weiß."

Gleichzeitig erfasste mich Panik. Ich dachte an Claudia, mit der ich aufgewachsen war. Wie würde sie auf meine Zwillingsschwester reagieren? Ihr wehzutun, hätte mir das Herz schwer gemacht. Ich liebte Claudia so, als sei sie mein Zwilling.

Meine Sorge erwies sich als unbegründet: „Suche und finde sie. Sonst findest du nie deinen inneren Frieden", zerstreute sie meine Bedenken und fand die Situation selbst sehr aufregend. Als Conny und ich uns wieder hatten, freute sich Claudia von Herzen. Sie ist nicht eifersüchtig. Sie sagt oft zu mir: „Ulli, jetzt habe ich dich doppelt." Ihre Schwester. Das bin ich. In zweifacher Ausführung. Sie sieht mich, „ihre Ulli", und daneben sieht sie mich noch einmal. Mit Conny versteht sie sich ausgezeichnet. Auf einer anderen, sehr freundschaftlichen Ebene.

Es hatte lange gedauert. Nun war es fix: Ich werde Conny suchen und finden. Nur keine Zeit mehr verlieren. Gleich am nächsten Morgen ließ ich mir die Nummer der Adoptionsvermittlungsstelle im Jugendamt Sondershausen, unserem Geburtsort, geben. Ich rief an und hatte eine sehr freundliche Mitarbeiterin in der Leitung. Ich erzählte ihr die Geschichte und merkte, wie nah sie ihr ging. „Frau Reichenbach, ich werde die Unterlagen im Archiv

durchforsten und rufe Sie in ein paar Tagen wieder an“, versprach die Frau.
Beim nächsten Telefonat konnte sie mir Auskunft geben: „Conny wurde von einer Familie Bätz nach Friedrichroda adoptiert“, sagte sie. Das war nur die halbe Wahrheit. Die ganze sah so aus: „Es gibt noch drei weitere Geschwister, die alle bei verschiedenen Eltern aufgewachsen sind“, teilte sie mir mit.
„Danke. Sie haben mir sehr geholfen. Wenn ich meine Zwillingsschwester gefunden habe, sage ich Ihnen Bescheid“, antwortete ich und legte auf. Ich war glücklich. Ich war geschafft.
„Noch drei Geschwister. Das ist doch nicht möglich“, ratterte es durch meinen Kopf. Für den Hauch einer Sekunde entglitt mir die Situation. Dann war klar: „Nein, ich möchte erst meinen Zwilling finden. Danach sehen wir weiter.“
Am gleichen Tag rief ich bei der Auskunft wegen der Telefonnummer von Familie Bätz in Friedrichroda an. Glück gehabt. Den Namen gab es nur einmal am Ort. Ich gab mir einen Ruck und wählte die Nummer. Sofort. Ohne über meine Angst nachzudenken.
„Ja, bitte“, meldete sich ihre Mutter.
„Ist Ihre Tochter am 4. 4. 1969 geboren?“, fragte ich.
„Ja, warum?“, fragte Connys Mutter zurück.
„Ich bin Ulrike Reichenbach und suche meine

Zwillingsschwester", sagte ich und erzählte die Geschichte.
„Da muss ich mich erst mal setzen", sagte Connys Mutter leise.
„Könnten Sie mir Connys Telefonnummer geben?", fragte ich nach einer gefühlten Schweigeminute.
„Das geht leider nicht. Conny ist eben erst umgezogen. Sie hat noch keinen Telefonanschluss. Ich würde gerne mit Conny darüber sprechen und sie auf die Neuigkeit vorbereiten. Könnten Sie morgen um 13 Uhr noch einmal anrufen? Da kommt Conny zum Mittagessen zu uns", schlug Connys Mutter vor.
„Natürlich. Vielen Dank. Auf Wiederhören." Das Gespräch war beendet. Die Aufregung verursachte Übelkeit. Mein Kopf brummte, ich hatte Bauchschmerzen. „Es hilft alles nichts. Da musst du durch. Du wolltest es so", sagte ich mir. Mitten in den Irrungen und Wirrungen meines Lebens hatte ich meinen Zwilling gefunden.
Am 26. September 1995 wachte ich kurz vor sieben auf. Die Sonne schien. Es sah so aus, als würde das mein Tag werden. Nachdem ich die Kinder versorgt hatte, kochte ich Kaffee, setzte mich an den Tisch und wartete. Im Minutentakt schaute ich auf die Uhr. 10.30 Uhr. Noch zweieinhalb Stunden. Was wird Conny denken? Ist sie auch so nervös? 12 Uhr. Noch 60 Minuten. Ich umklammerte die Kaffeetasse. Hat Conny Kinder? Sie ist bestimmt eine von den Frauen, die ihr Leben in gerade Bahnen gelenkt haben: erst Karriere, dann Heirat und

Kinder. Oh Gott, wie wird sie reagieren, wenn ich daherkomme und erzähle, dass ich mit 19 Mutter geworden bin. Das war meine größte Befürchtung. Ich bildete mir ein, sie würde nichts mehr von mir wissen wollen, wenn sie mehr von mir erfährt. Je näher der Zeiger auf 13 Uhr vorrückte, umso wirrer wurden meine Gedanken.
12.58 Uhr. Es reichte. Ich wollte das Telefonat schnellstmöglich hinter mich bringen. Ich wählte mit zittrigen Fingern die Nummer.
„Einen Moment", sagte Connys Mutter. „Ich gebe dir Conny."
Ich konnte gar nicht antworten, schon hörte ich ein leise krächzendes „Hallo?"
„Ja, auch hallo. Ich bin es. Ulli, dein Zwilling."
Die nächsten fünf Minuten weinten wir pausenlos. Immer wieder versuchte die eine die andere zu beruhigen. Es gelang nicht sofort. Als wir wieder sprechen konnten, sprudelten die Fragen aus uns heraus.
Hast du Familie? Ja. Ich auch.
Wann hast du ein erstes Kind bekommen? Mit 19. Ich auch.
Welche Hobbies hast du? Zeichnen. Ich auch.
Wie ist deine Wohnung eingerichtet? Ich brauche immer viele Pflanzen. Ich auch.
Das Telefonat dauerte ewig, bestimmt zwei Stunden. Bevor wir auflegten, vereinbarten wir, dass jede der anderen ein Foto schickt.

„Ich melde mich in zwei Tagen um die gleiche Zeit bei deiner Mama", sagte ich zum Abschied.
Innerhalb von fünf Minuten riss ich zwei Fotos, ein Ganzkörperfoto und eines im Profil, aus meinem Album und schrieb ein paar Zeilen dazu. Am nächsten Tag lag Connys Foto im Briefkasten. Als ich den ungeöffneten Brief sah, schrie ich. Diese Schrift! Wie meine. Sehr gerade. Mit einem verschnörkelten Kringel über dem i. Als hätte ich mir selbst geschrieben. Im ersten Moment war ich so irritiert, dass ich dachte, mein Brief sei wegen einer falschen Adresse zurückgekommen.
Meine Nachbarin hatte meine Schreie gehört und dachte, es sei etwas passiert.
„Was ist los", fragte sie.
„Da, Nicole. Schau' dir den Brief an", sagte ich.
„Nur mit der Ruhe, Ulli. Mach' ihn erst einmal auf", meinte sie.
Das tat ich und starrte überrascht auf ein Foto: „Das bin ja ich. Conny sieht aus wie ich", sagte ich zu Nicole. Stolz zeigte ich das Foto jedem, der mir begegnete. Ich war nun komplett. Ich war stark. Ich war vollkommen. Wer so aussieht wie ich, muss auch so sein wie ich. Davon war ich überzeugt.
Als ich Conny wie abgemacht zwei Tage später wieder anrief, verabredeten wir uns für den 25. Oktober 1995 in Friedrichroda. Ich war glücklich. Meine Zwillingsschwester wollte mich kennen lernen. Mit Schmetterlingen im Bauch überstand ich die Zeit bis zu unserem Treffen. Ich schaute mir fast rund um die Uhr Connys Foto an und war

glücklich, dass es sie so gut getroffen hatte wie ich und in einer sehr liebevollen Familie aufgewachsen ist. Meine zwei Kinder Philipp und Jonas waren ebenfalls fasziniert. Ihnen brachte ich schonend bei, dass ich Conny beim ersten Mal alleine treffen möchte, ich sie beim nächsten Mal aber auf jeden Fall mitnehmen würde. Die beiden wären am liebsten auf der Stelle losgefahren, um ihre Tante kennen zu lernen.

Wie Conny von Ulli erfuhr

Der 26. September 1995 begann wie immer: aufstehen, Kinder wecken, Frühstück machen, Kinder in die Schule schicken, Küche aufräumen. Wie jeden Tag fuhr ich nach dem Frühstück zu meinen Eltern, um mit ihnen zu quatschen und Kaffee zu trinken. Danach wollte ich meine Mädchen vom Kindergarten abholen und einen ruhigen Nachmittag zu Hause verbringen.

Ich klingelte bei meinen Eltern. Mama machte die Tür auf. Sie strahlte mich nicht wie sonst an: „Conny, schön, dass du da bist. Komm' rein."

Diesmal sagte sie tonlos: „Hallo Conny. Komm' herein und setz' dich. Ich muss mit dir reden."

Dabei schaute sie mich seltsam an, gab keinen Mucks mehr von sich, als wir durch den Flur in die Küche gingen. Irgendetwas stimmte nicht. Ich ahnte Schlimmes. So fahrig und geistesabwesend hatte ich meine Mutter erst einmal erlebt. Das war, als meine heiß geliebte Oma starb und sie mir das behutsam beibringen musste, obwohl sie selbst sehr traurig war.

„Hans, kommst du bitte mal. Conny ist jetzt da", rief sie meinen Vater herbei. Wieder musterte sie mich so komisch, fasste sich an den Bauch. Sie sah aus wie jemand, der eine unangenehme Wahrheit mitteilen muss und nicht weiß, wie.

Ich dachte nur: „Oh Gott, was ist da los? Warum ist sie heute so merkwürdig, hat mir noch nicht

mal einen Kaffee angeboten?“ Allmählich begann Mama zu sprechen. Ihre Stimme stockte:
„Conny, ich weiß nicht, wie ich es dir sagen soll. Uns hat selbst fast der Schlag getroffen.“
Mitten im Satz unterbrach ich sie: „Mama, nun sag mir endlich, was los ist. Sag' es einfach frei heraus. Dann hast du es hinter dir, und ich weiß Bescheid.“
Nun sagte sie: „Conny, gestern hat eine junge Frau angerufen und nach dir gefragt.“
„Wie, nach mir gefragt? Warum denn?“, fragte ich zurück.
„Die Frau am Telefon sagte, sie sei auf der Suche nach ihrer Zwillingsschwester, die am 4. April 1969 in Sondershausen geboren wurde.“
Alle Farbe wich aus meinem Gesicht. Mir wurde schwarz vor Augen. Ich dachte, gleich werde ich ohnmächtig.
„Was sagt ihr da?“, stammelte ich.
Mehr brachte ich in diesem Moment nicht heraus. Ich war sprachlos. Es war wie im Film. Mein Leben spielte gerade verrückt. Ich war überrumpelt. Ich war überrascht. Was ich intuitiv gespürt hatte, dass ich nicht komplett bin, dass etwas fehlt, dass ich anders bin als andere, war eingetreten. Ich hatte eine Zwillingsschwester. Nichts hatte ich von klein auf stärker herbeigesehnt. Nun war mein größter Wunsch in Erfüllung gegangen.
Dieser eine Satz meiner Eltern „Da hat jemand

angerufen…" machte mich auf einen Schlag zum glücklichsten Menschen der Welt, auch wenn ich noch ein wenig brauchte, um diese Wendung in meinem Leben zu begreifen. Ich musste die Neuigkeit erst einmal eine Zeit lang sacken lassen, dann umarmte ich meine Eltern.

Sie waren erleichtert. „Conny", sagten sie, „wir hatten solche Angst, es dir zu sagen. Wir hatten keine Ahnung, wie du reagieren würdest. Wir wussten nicht, ob du die Wahrheit überhaupt wissen willst."

Meine Eltern erzählten mir, wie das damals gewesen war, als sie mich aus dem Kinderheim holten, dass eine Krankenschwester von einem zweiten Baby gesprochen hatte, aber nicht wirklich mit der Sprache herausgerückt war.

„Wir wussten nicht, wie wir es dir erklären sollen. Wir haben ja selbst erst vor wenigen Stunden die ganze Wahrheit erfahren", ergänzten sie.

„Wie heißt sie? Wie sieht sie aus? Wo wohnt sie?"

Ich konnte kaum mehr bremsen. Die Fragen sprudelten nur so aus mir heraus.

„Das kann sie dir alles selbst erzählen", antworteten meine Eltern. „Heute um eins ruft sie wieder an."

Ich habe eine Schwester. Sogar eine Zwillingsschwester. Ich tanzte durch die Küche meiner Eltern. Ich fühlte mich wie in einem Rausch. Leicht und beschwingt. Ich herzte meine Eltern an diesem Tag zum Abschied länger als sonst, stieg ins Auto und fuhr zum Kindergarten. Jedes Mal, wenn ich einen Bekannten am Gehweg entlanglaufen sah, machte ich eine Vollbremsung, kurbelte das Fenster herunter und schrie: „Hallo, Sabine. Stell' dir vor. Ich habe eine Zwillingsschwester. Sie hat heute bei mir angerufen. Ist das nicht geil?" Im Kindergarten erzählte ich auch gleich jedem die Neuigkeit. Selbstverständlich meinen Töchtern zuerst: „Ihr habt jetzt eine Tante, Tante Ulrike. Sie ist meine Schwester, meine Zwillingsschwester", sagte ich.

„Oh cool. Wir haben eine Tante", schwatzte Nadine munter drauf los. Als meine Kinder einige Wochen später Ulli zum ersten Mal sahen, starrten sie sie mit offenen Mündern an. „Du siehst ja aus wie Mama", plapperten sie vor sich hin. Das fanden sie gut.

Die Existenz meiner Zwillingsschwester stimmte mich fröhlich. Ich stellte mich daheim vor den Spiegel und sagte laut vor mich hin: „Conny, dich gibt es jetzt zweimal! Das ist fantastisch." Viele Fragen gingen durch meinen Kopf: Wie kommt es, dass ich eine Zwillingsschwester habe? Warum war sie die vergangenen 26 Jahre nicht bei mir? Wer hat uns getrennt? Warum? Ist sie verheiratet? Hat sie Kinder? Werden wir uns mal treffen?

Nachts machte ich kaum ein Auge zu, versank in Träumen an meine Schwester, die ich noch nicht persönlich kannte. Ich sah meine Kindheit und Jugend an mir vorüberziehen. Ohne sie.

Schlagartig wurde mir bewusst: Sie ist die Lösung meiner Probleme, meiner Ängste, meiner Unzufriedenheit, meiner Unvollkommenheit. Ich fühlte mich bestätigt. Obwohl ich sie noch nie gesprochen und gesehen hatte, wusste ich: Ulli macht mich stark und sicher. Mein Leben fühlte sich plötzlich leicht und locker an.

Am nächsten Morgen fuhr ich zu meiner Mutter. Es war mittags um halb eins. Noch eine halbe Stunde. Dann würde ich zum ersten Mal mit meiner Schwester sprechen. Die Zeit vertrieb ich mir mit Gedankenspielen: Was mache ich, wenn sie nur dieses eine Mal mit mir reden möchte, und danach nichts mehr mit mir zu tun haben möchte? Was passiert, wenn ich zu sehr klammere und sie keinen engen Kontakt möchte?

Ich versuchte, mich zu beruhigen: „Conny, atme tief durch. Lass' alles auf dich zukommen. Du kannst es eh nicht ändern."

Im nächsten Moment überlegte ich angestrengt. „Oh Gott, wenn sie es sich anders überlegt hat und gar nicht anruft." Es war ein Wechselbad der Gefühle. Ich weiß nicht mehr, wie ich diese halbe Stunde überstanden habe. Jedenfalls klingelte wie vereinbart kurz vor eins das Telefon.

Meine Mutter reichte mir den Hörer. Mit schweißnassen Händen und zittrigen Fingern nahm ich ihn in die Hand und brachte nur ein schwaches „Hallo" heraus.

„Conny", fragte Ulli. Ihre Stimme klang vertraut, tief wie meine.

„Ja", antwortete ich zaghaft. Die nächsten Minuten schwiegen wir und weinten in den Hörer. Ich hörte nur ein leises Wimmern am anderen Ende der Leitung. Ich war so gerührt. Ich war so glücklich. Es war so einmalig. Es war so schön. Es tat so gut. Ich konnte nicht mehr aufhören zu weinen. Die Anspannung der vergangenen 24 Stunden, ja meines bisherigen Lebens, fiel von mir ab. Wir hatten uns wieder. Es hatte den Anschein, als würden wir uns die verlorenen 26 Jahre in fünf Minuten von der Seele heulen. Nachdem die Tränen versiegt waren und wir die Sprache wiedergefunden hatten, begannen wir miteinander zu sprechen.
„Wie hast du mich gefunden?", fragte ich Ulli und sie erzählte mir die Geschichte.
Es ergab sich ein munteres Frage- und Antwort-Spiel. Wir stellten sehr viele Parallelen in unserem Leben fest.
Aussehen: beide lange blonde Haare und große blaue Augen
Kinder: beide zwei (zum damaligen Zeitpunkt)
Krankenhausaufenthalte: beide mit 16 am Blinddarm operiert
Hobbies: beide Zeichnen und Malen
Lieblingsgeruch: beide Kiefer
Kleidungsstil: beide mögen es eher schlicht in Schwarz-Weiß.
Werte: Beide sind Familienmenschen, beide sind

sehr kontaktfreudig. Freundschaft und Gerechtigkeit sind beiden sehr wichtig.
Wenn Ulli redete, lauschte ich gespannt. Sie erzählte von ihrer Kindheit und Jugend, erst im Osten, dann im Westen. Als sie aus der Zeit in Pflegefamilien ohne ihre Eltern berichtete, kämpfte ich mit den Tränen. Ich konnte es nicht fassen, was sie durchgemacht hatte. Weiter erzählte sie mir von den anderen Geschwistern und betonte:
„Mit den anderen habe ich keinen Kontakt. Ich wollte erst dich, meinen Zwilling, finden." Als sie das gesagt hatte, kamen mir erneut die Tränen. Am liebsten hätten wir uns sofort gesehen. Bedauerlicherweise war es mitten in der Woche und uns trennten 300 Kilometer.
Bevor wir das Telefonat beendeten, beteuerten wir uns gegenseitig, am gleichen Tag ein Foto zu schicken. Sozusagen als Beweismaterial, dass es uns doppelt gibt.
Ulli nahm mir die Angst. Sie zeigte mir: Sie sucht den Kontakt zu mir. Sie möchte mich nicht mehr verlieren.
Wie hypnotisiert legte ich den Hörer auf. Meine Eltern waren schon wie auf Kohlen im Zimmer nebenan gesessen und wollten alles haargenau wissen. Sie umarmten mich und wiederholten ein ums andere Mal: „Mädchen, wir freuen uns so für dich."
„Ich muss los", beeilte ich mich nach wenigen Minuten zu sagen. Zu Hause suchte ich ein Foto heraus, das mich in der Wohnung zeigte, schrieb

ihr, wie sehr ich mich gefreut habe, dass sie mich gesucht hat, und fuhr schnell zur Post. In dieser Rekordgeschwindigkeit hatte ich noch nie zuvor einen Brief aufgegeben. Es sollte gewährleistet sein, dass die Post gleich am folgenden Tag im Briefkasten lag.
Am nächsten Morgen wartete ich ungeduldig auf den Briefträger. Gegen zehn kam er und hatte Post für mich. Ich riss den Brief auf und starrte ungläubig auf das Foto: „Ulli sieht ja genauso aus wie ich." Ich konnte den Blick nicht abwenden. Ein kurzer Brief lag dabei.

Liebe Conny,

„ich möchte Dich treffen. Wenn du einverstanden bist, komme ich in vier Wochen mit meinen Eltern nach Friedrichroda, um dich zu besuchen."

Liebe Grüße.
Deine Ulli

Ungefähr so war der Wortlaut. Die Briefe, die wir uns geschrieben haben, bewahrte ich nicht auf. Sicher wären es schöne Erinnerungen. Aber wir haben uns jetzt ja wieder. Das ist das Wichtigste. Wir brauchen die Briefe nicht mehr. Auch darin sind wir uns sehr ähnlich. Ulli hob ebenfalls

keinen einzigen Brief auf. „Meine Ulli kommt mich besuchen", spazierte ich fröhlich summend durch die Wohnung. Meine Gefühlslage war der helle Wahnsinn. Glück pur.
Ich war überglücklich, dass sie mich sehen wollte. Ich hatte den gleichen Gedanken gehabt. Die Angst, ich könnte sie bedrängen, hatte mich davon abgehalten, sie zu fragen.
Ich rief sie sofort an, sagte ihr, wie sehr ich mich auf sie freue. Wir vereinbarten einen Termin: 25. Oktober 1995, 14 Uhr, in Friedrichroda.
Die Fotos, die sie mir geschickt hatte, versüßten das Warten. Ich trug sie immer bei mir, stellte sie überall dort auf, wo ich mich gerade aufhielt: Morgens legte ich das Foto auf den Frühstückstisch und betrachtete sie liebevoll, während die letzten Kaffeetropfen durch die Maschine blubberten. Beim Zähneputzen deponierte ich ein Bild auf die Ablage über dem Waschbecken. Abends schlief ich mit dem Foto in der Hand ein. Ich wusste: Alles ist gut. Nun habe ich eine Schwester. Für immer.

Ulli fährt nach Friedrichroda

Der Tag, an dem ich Conny traf, begann unruhig. Nach dem Aufstehen konnte ich mich kaum auf die Kinder konzentrieren. Ich brachte keinen Bissen zum Frühstück hinunter. Ich war nervös. Noch eine Stunde. Dann ging's los. Ich fuhr von Bad Pyrmont nach Kassel. An der Autobahnraststätte traf ich mich mit meinen Eltern. An diesem wichtigen Tag sollten auch Mama und Helmut dabei sein. Ich wollte sie an meiner Freude teilhaben lassen. Papa konnte leider nicht dabei sein. Auch Claudia musste sich noch ein wenig gedulden.

Ich war froh, dass ich in Kassel das Auto parken konnte und Helmut die restlichen 200 Kilometer fuhr. Von der Landschaft, die an mir vorbeizog, bekam ich nichts mit. Ich malte mir aus, wie Conny und ich uns kennenlernen. Wie würde es wohl ablaufen?

„Wir sind in Thüringen", sagte Mama. Noch 30 Minuten. Das Herz begann zu rasen. Die Knie wurden weich. Der Bauch krampfte. Die Hände waren feucht.

Wir waren eineinhalb Stunden zu früh in Friedrichroda und gingen in ein gut bürgerliches Lokal in der Nähe. Ich hatte keinen Appetit, stocherte in den Klößen mit Rotkohl herum. Die Bedienung schaute mich komisch an. Das war auch meiner Mutter aufgefallen. Sie meinte:

„Frag' sie doch einfach, wieso sie dich so anstarrt.

Fragen kostet nichts." Das brauchte ich nicht. Die Kellnerin kam uns zuvor, als sie die Rechnung brachte:
„Möchtest du jemanden im Ort besuchen? Du sprichst einen anderen Dialekt", sagte sie.
„Ja, meine Zwillingsschwester Conny", antwortete ich.
„Conny", erwiderte sie, „ich dachte schon, du bist Conny. Doch das kann nicht sein, denn dein Dialekt ist anders."
Ich freute mich riesig über diese Bestätigung. Ich konnte es kaum glauben, dass sie mich fast mit Conny verwechselt hätte. Das machte es noch spannender.
Noch sechs Minuten. Dann war es endlich zwei Uhr. Friedrichroda. Grüner Weg 4. Als Helmut in diese Straße eingebogen war und mir das Haus gezeigt hatte, sah ich im ersten Stock blonde Haare hinter der Gardine. Conny erwartete mich. Wir parkten und stiegen aus. Ich blickte zum Haus. Da kam sie mir wie ein Wirbelwind entgegen. Wir rannten aufeinander zu und fielen uns in die Arme. Wir schlangen unsere Arme um unsere Schultern, küssten uns auf die Wange und weinten. Wir wichen immer wieder einen Zentimeter zurück, schauten uns aus den gleich großen blauen Augen an und schüttelten ungläubig den Kopf: „Das gibt's doch gar nicht", sagten wir wieder und wieder. Festhalten und nie wieder los lassen! Dieser Augenblick war einmalig. Es war, als würden diese paar Minuten 26 Trennungsjahre auslöschen.

Für diesen einen Moment vergaßen wir die Welt um uns herum. Nur Conny und ich existierten. Aus zwei Leben wurde eines. Nach einiger Zeit ließen wir voneinander ab. Ich begrüßte ihre Eltern und Kinder. Auf dem Weg in die Wohnung beobachtete ich Conny unentwegt. Ich blickte in ihre strahlend blauen Augen. Es war, als würde ich mich anschauen. Im Wohnzimmer war der Kaffeetisch gedeckt. Conny hatte zur Feier des Tages einen leckeren Kuchen gebacken. Ich fühlte mich in ihrer Wohnung wie zu Hause. Viel helles Holz, viel Grün. Wir haben den gleichen Geschmack und Einrichtungsstil.

Während wir den Kuchen aßen, saßen Conny und ich nebeneinander. Schweigend. Überwältigt von unseren Gefühlen. Fasziniert von der Gleichheit der anderen. Glücklicherweise begannen unsere Eltern eine zwanglose Unterhaltung, verglichen uns als Babys und erzählten Anekdoten aus unserer Kindheit. Sie stellten Gemeinsamkeiten um Gemeinsamkeiten fest.

Nach zwei Stunden ließen sie uns alleine. Connys Eltern begleiteten meine in ihre Pension und planten, abends zusammen essen zu gehen. Wir waren zu zweit. Zum ersten Mal in unserem Leben. Wir wälzten Fotoalben und stellten amüsiert fest: Wir sind (fast) gleich.

Den Abend verbrachten wir in einer Disko in Erfurt. Gemeinsam standen wir vor dem Spiegel und veranstalteten eine Modenschau. Nur für uns. Ich lieh Conny meine Schuhe. Die schwarzen Stiefel passten besser zu ihrem eleganten Kleid. Ich stand im Schlafzimmer, als es an der Tür klingelte. Ein Schrei durchfuhr die Stille. Es war Kerstin, eine sehr gute Freundin von Conny, die es nicht fassen konnte. „Das gibt's doch nicht. Ihr seht euch total ähnlich", rief sie, kam auf mich zu und umarmte mich zaghaft. Die beiden anderen Freundinnen, die mitgekommen waren, standen im Türrahmen und musterten mich mit prüfendem Blick. Für mich war das komisch. Ich war es nicht gewohnt, von Fremden angestarrt zu werden. Als wir uns eine Weile über Alltagsthemen unterhalten hatten, entspannte sich die Situation, und die drei Freundinnen sagten immer wieder zu uns: „Wahnsinn, ihr seid so gleich. Ihr habt den gleichen dynamischen Schritt. Ihr lacht beide so herzerfrischend. Ihr habt beide diese meerblauen, wachen Augen."

Der Abend war wunderbar. Conny und ich spazierten Hand in Hand zur Tanzfläche und zur Bar. Wir genossen das Tuscheln im Rücken, quittierten die aufmerksamen Blicke mit strahlendem Lächeln. Jeder sollte sehen, dass wir Zwillinge sind. Wir fühlten uns als die Attraktion des Abends. Als Conny und ich tief in der Nacht im Bett lagen, plauderten wir noch sehr lange. Ich weiß nicht mehr, worüber wir geredet haben. Ich war müde. Ein langer und aufregender Tag ging zu Ende. Mein Tag.

Auch am nächsten Tag wich ich keine Sekunde von der Seite meiner Zwillingsschwester. Beim Frühstücken nicht. Bei der Fahrt in unsere Geburtsstadt Sondershausen nicht. Beim Mittagessen im Ratskeller nicht. Je länger wir im Restaurant saßen, umso stiller wurden wir. Der Abschied näherte sich mit großen Schritten. Vom Lokal zum Parkplatz gingen wir Hand in Hand. Wir lächelten uns traurig an, kämpften mit den Tränen. Zum Abschied herzten und küssten wir uns. Als wir los fuhren, lehnte ich mit dem Kopf am Fenster und winkte. Ich winkte auch noch, als wir längst um die Ecke gebogen waren und Conny außer Sichtweite war. Ich weinte.

Wir hatten uns erst gefunden und mussten uns gleich wieder trennen. Ich fühlte mich, als wären mir Arm oder Bein abgetrennt worden. Ich denke, es war so, als wäre in diesem Moment der Schmerz unserer Trennung aus mir herausgebrochen. Es war ein unerträglicher Zustand, obwohl ich Grund zur Freude hatte. Ich habe meinen Zwilling und muss ihn nie mehr hergeben. Meine Eltern lenkten mich ab, so gut sie es vermochten, und erzählten mir, dass Connys Eltern bestätigt hatten, wie ähnlich wir sind und erzogen worden waren, unabhängig von den politischen Verfolgungen, die meine Eltern durchstehen mussten. Wieder zu Hause, telefonierte ich erst mal mit allen mir wichtigen Menschen. Allen voran Papa berichtete ich von meinem ersten Treffen mit Conny. „Ich will deine Conny unbedingt kennen lernen“, sagte Papa. Drei Wochen später besuchte Conny mich in Bad Pyrmont. Ich wollte sie mit meiner Familie bekannt machen.

Der Tag, an dem Conny Ulli traf

Endlich war der 25. Oktober da. Der Tag, an dem mir eine Schwester geschenkt wurde. Der Tag, der mein Leben verändern würde. Ich zog Jeans und ein weißes T-Shirt an. Wie Ulli. Das hatten wir ausgemacht. Ich wirbelte hektisch durch die Wohnung, mein Körper kribbelte vor Aufregung. Innerlich jubelte ich vor Freude. Vater stellte die Videokamera scharf und sagte: „Meine Conny bekommt heute ein Schwesterchen." Mutter hantierte aufgeregt in der Küche und polierte Gläser und Besteck. Die Kinder fragten ungeduldig: „Wann kommt sie denn?"
Es waren die längsten Stunden meines Lebens. Ich war nicht ansprechbar, hing meinen Gedanken nach. Ist sie wirklich so wie ich? Werden wir uns mögen? Gefällt es ihr bei uns? Was sage ich zur Begrüßung? Bleiben wir ein Leben lang in Kontakt? Ich hoffte es. Noch fünf Minuten. Ich lief schnellen Schrittes durch Wohn- und Schlafzimmer, von Fenster zu Fenster. Ich sah ein Auto bedächtig die Straße entlangfahren.
Ich rannte die Treppe hinunter, wäre beinahe noch gestolpert, riss die Haustür auf und übersprang die kleine Stufe zur Straße. Geradewegs auf sie zu. Wir lagen uns wortlos in den Armen, fingen an zu weinen. Ich wischte ihr mit bloßer Hand die Tränen aus dem Gesicht, schaute sie an. Mein Herz schlug in diesem Moment doppelt wild. Wir waren

in unserer gemeinsamen Welt angekommen. In unserer Zwillingswelt. „Ich werde dich nie mehr loslassen“, sagte ich leise.
Allmählich versiegten unsere Tränen. Ich betrachtete sie aus der Nähe. Ich zuckte zusammen. Ich bekam Gänsehaut. Die Härchen an meinen Armen stellten sich elektrisiert auf. Es war beinahe unheimlich. Die Augen, die vollen Lippen, die schulterlangen, glatten und seidig glänzenden blonden Haare. Alles gleich. Nur ein klitzekleiner Unterschied fiel mir auf: Ich habe eine schmale Zahnlücke, Ulli nicht.
Nun hatte ich auch Augen und Ohren für Ullis Familie, die gebannt neben uns gestanden und unsere Wiedersehensfreude beobachtet hatte. Oben in der Wohnung setzten wir uns an die Kaffeetafel. Ich hatte eine Hannchen-Torte mit Mandeln gebacken. Ich hatte keinen Appetit. Meine Aufmerksamkeit galt ausschließlich Ulli. Ich schaute nur sie an, wie sie neben mir auf dem Sofa saß, wie sie mit ihren schlanken Fingern die Kaffeetasse nahm, ein Stück Torte auf die Gabel legte, hinein biss und mit vollem Mund sagte. „Mann, ist die Torte lecker. Da hast du mir was voraus. Backen liegt mir nicht.“
Anfangs konnten wir nicht sprechen. Das übernahmen unsere Eltern für uns und tauschten Geschichten aus unserem Leben aus. Erzählten Ullis Eltern, winkten meine sofort ab: Das kennen wir. Bei uns das Gleiche. Umgekehrt war es genauso. Unsere Eltern gelangten zu der Überzeugung: Die

Ähnlichkeiten sind wirklich verblüffend. Beide Mädchen hätte keine Familie verkraftet. Großvater hatte es einmal treffend auf den Punkt gebracht: „Lieber schleppe ich Kohlen rein, als mit Conny spazieren zu gehen“, pflegte er schmunzelnd zu sagen und meinte damit mein lebhaftes Wesen, das manchmal anstrengender war als körperliche Schwerstarbeit. Während sich unsere Eltern unterhielten, hörte ich nur mit halbem Ohr zu. Ich musterte Ulli. Ihre Mimik und Gestik bezauberten mich. Ihre Blicke, ihre Bewegungen sind so, als ob es meine wären: offen, neugierig, quirlig.

Nach zwei Stunden saßen wir allein im Wohnzimmer und wir hatten nur uns. Ein gutes Gefühl. Sie war mir nicht mehr fremd. Sie war mir sehr vertraut. Es war, als würden wir uns schon immer kennen. Abends hatte ich einen Disko-Abend mit meinen drei besten Freundinnen organisiert. Am meisten interessierte mich, wie sie auf meine Zwillingsschwester reagieren würden. Ich war stolz und glücklich. Ich wollte „meine Ulli“ unbedingt allen zeigen. Ich wollte, dass alle sagen: Wahnsinn, diese Ähnlichkeit! Die Freundinnen enttäuschten mich nicht. Als sie Ulli sahen, starrten sie sie mit offenen Mündern an. In der Disko war Ulli mein ganzer Stolz. Erhobenen Hauptes ging ich neben ihr, als wollte ich sagen: „Schaut euch meine tolle Schwester an. Sie ist wie ich.“

Nachts schliefen wir im Doppelbett. Wir quatschten noch sehr lange und ließen den Tag Revue passieren. Ich fühlte mich so unglaublich wohl in ihrer Nähe. Es kam mir so vor, als würde ich zum ersten Mal in meinem Leben beruhigt einschlafen.

Am nächsten Morgen frühstückte die Familie zusammen. Anschließend fuhren wir in unsere Geburtsstadt Sondershausen.

„Wir nehmen deine Eltern mit, Ulli. Fahrt ihr im anderen. Dann habt ihr noch Zeit für euch", sagte Mama. Dankbar nahmen wir den Vorschlag an. Viel Zeit hatten wir nicht mehr. Ulli musste von Sondershausen zurück nach Bad Pyrmont.

Langsam kehrte die Angst zurück. Die Angst war anders als die, die mich in meinen Kinder- und Jugendjahren immer wieder erfasst hatte. Diesmal war es die Angst, meine Schwester wieder zu verlieren. Der Abschied war grauenhaft. „Warum müssen wir uns schon wieder trennen? Wir haben uns doch gerade erst kennen gelernt", schluchzte ich an Ullis Schulter. Ihr ging es genauso. Tränen rannen über unsere Wangen. Wir drückten uns. Wieder und wieder.

„Versprichst du mir, dass wir uns bald wieder treffen", sagte ich zu Ulli.

„Klar, ich schaue gleich zu Hause in meinem Kalender, wann es passt", antwortete sie.

Dann ließ ich sie los und weg war sie. Ich blieb noch eine Weile stehen. Dann fuhren wir zurück.

„Komm', lass mich fahren", sagte meine Mutter,

die merkte, dass ich sehr durcheinander war. Während der Fahrt sagte ich keinen Ton. Ich heulte. Innerlich fühlte ich mich leer. Mich erfüllte tiefe Trauer um einen geliebten Menschen. Es kam mir so vor, als wäre Ulli für immer gegangen.

„Gut, dass heute Abend dein Klassentreffen ist. Das lenkt dich ab", sagte meine Mutter kurz vor Friedrichroda.

„Ach ja, es sind jetzt zehn Jahre, seit ich die Schule verlassen habe. Dann zeige ich allen Bilder von Ulli", erwiderte ich und war froh um die Fotos, die ich immer in meiner Tasche trug, wenn ich unterwegs war. Wehmütig dachte ich an Ulli und ging lustlos zum Klassentreffen in ein Lokal in der Nähe. Die meisten meiner ehemaligen Mitschüler hatte ich seit der Abschlussfeier nicht mehr gesehen. Es war ein großes Hallo. Ich erzählte den ganzen Abend nur von meiner Schwester, lief von einem Tisch zum anderen und zeigte allen die Fotos meines Zwillings. Was aus meinen früheren Klassenkameraden geworden war, ob sie geheiratet und Kinder bekommen hatten, was sie beruflich machten, interessierte mich nicht. Ich war sehr egoistisch. Sobald ich alle über Ulli informiert und die Fotos gezeigt hatte, ging ich nach Hause. Ich war nicht in Feierlaune.

Das doppelte Lottchen? Man muss schon genau hinschauen, um zu erkennen, wer Conny und wer Ulli ist.

III. Teil:
WIEDERVEREINT
(1995 bis 2007)

Zwei im Glück

Unsere gemeinsame Geschichte beginnt an besagtem Tag im Oktober 1995. Wie bereits erwähnt, fuhren wir an diesem Wochenende nach Sondershausen, dem Ort, an dem wir geboren und getrennt wurden.
„Wir möchten euch zeigen, wo euer Gitterbett stand, und wo wir euch abgeholt haben“, hatten unsere Eltern tags zuvor gemeint.
„Das ist eine gute Idee“, hatten wir geantwortet, obwohl unsere Gefühle zwiespältig waren. Einerseits wollten wir es sehen, denn die Vergangenheit gehört zu unserem Leben. Wir möchten sie nicht verdrängen. Andererseits hatten wir auch Angst vor dem Besuch. Wir konnten uns nicht vorstellen, welche Wirkung er in uns auslösen würde.
Es war beklemmend. Diese 21000-Einwohner-Stadt in Thüringen mit ihrem prächtigen Schloss und den fein herausgeputzten Häuser-Fassaden ist uns fremd. Wir fuhren durch ein Neubaugebiet, parkten vor dem Krankenhaus und gingen die paar Schritte zu Fuß.
„Schau' mal Ulli, vom Kinderheim ist nicht mehr viel übrig. Das ist ja eine Baustelle.“
Das Kinderheim existierte nicht mehr. Die alte zartrosa Villa mit dem Erker wurde saniert und beherbergt heute eine physiotherapeutische Einrichtung.

„Dürfen wir kurz rein“, fragten wir einen Bauarbeiter, der am Gerüst stand.
„Das ist eigentlich verboten“, zögerte er und stimmte erst zu, nachdem wir unsere Geschichte erzählt hatten.
Mit Magengrummeln gingen wir hinein. Der Putz an den Wänden bröckelte, der Linoleumboden war abgewetzt. Es roch wie in einem Krankenhaus. Ein Mix aus süßlichem Duft und Geruch nach Desinfektionsmitteln stieg uns in die Nase. Wir gingen die Treppe hoch in den ersten Stock, ein paar Meter rechts den Gang hinunter und öffneten eine Tür.
„Hier hast du gelegen“, sagte Ullis Mutter und zeigte zur rechten Wand, ungefähr in die Mitte.
Wir konnten den Anblick, die Gerüche nicht ertragen. Uns wurde übel. Wir brauchten frische Luft. Fluchtartig verließen wir das Gebäude. Höchstens zehn Minuten hatten wir es am Ort unserer Trennung ausgehalten. Seitdem sind wir nicht mehr in Sondershausen gewesen.
Wir fuhren zurück zu unseren Familien und fieberten unserem nächsten Wiedersehen entgegen. Die verlorenen Jahre können wir nie mehr aufholen, doch wir haben uns gefunden und verfolgen seitdem nur ein Ziel: Wir möchten so viel Zeit wie möglich miteinander verbringen. Wir telefonieren jeden Tag mehrmals, stundenlang. Morgens um acht fangen wir an. Spätestens um zehn geht's weiter. Um halb neun Uhr abends greifen wir zum letzten Mal zum Hörer. Wir bringen es auf acht Telefonate pro Tag. Minimum.

Wenn es die Zeit erlaubt, putzen wir oder kochen zusammen mit dem Hörer in der Hand. Mit dieser Dauerleitung gleichen wir die Entfernung unserer Wohnorte aus, die häufige gegenseitige Besuche unmöglich macht.
Im Schnitt sehen wir uns alle sechs Wochen. Unser zweites Treffen fand drei Wochen nach unserem ersten in Bad Pyrmont statt. Auf den folgenden Seiten schildern wir separat unsere Gefühle und Eindrücke:

Als mich Conny in Bad Pyrmont besuchte, war ich nervös. An diesem Wochenende sollte sie auch meine Kinder, meinen Vater mit seiner neuen Familie und meine Schwester Claudia kennen lernen. „Hoffentlich fühlt sie sich bei uns wohl", war mein erster Gedanke. Morgens putzte ich im Schnelldurchlauf das Haus.
„Wann kommt Tante Conny?", quengelten Philipp und Jonas. Meine Freundin Sonja, „Aischa", war auch schon da und hatte einen Käsekuchen gebacken. Es klingelte. Ich lief schnell zur Tür. Es war Papa mit seiner Familie.
Gemeinsam warteten wir maximal noch zehn Minuten. Dann bog ein weißer Ford mit GTH-Nummernschild in unsere Straße ein.
„Conny ist da", rief ich. Alle rannten zum Fenster im Wohnzimmer und drängelten sich wie Schaulustige um den besten Platz. Ich öffnete die Haustür und lief Conny entgegen. Wir umarmten uns ganz fest. Wie beim ersten Mal.

„Das gibt's doch gar nicht. Das ist ja nicht zu fassen", hörte ich meinen Vater aus weiter Ferne murmeln. Die Begrüßung zwischen Conny und meinem Vater, seiner Frau und Claudia fiel sehr herzlich aus. Meine Kinder reagierten sehr verhalten. Ich merkte, wie unheimlich es ihnen war. Nach einer Weile schaute der kleine Jonas Conny und mich sehr lange an und plapperte: „Zwei Mamas". Der Bann war gebrochen. Alle lachten.
„Ihr gleicht euch wie ein Ei dem andern", sagte mein Vater. Beim Kaffeetrinken tauschten wir mit Papa Episoden unserer Adoption und Kindheit aus.
Abends gingen Conny und ich zusammen weg. Claudia und meine Freundin Sonja waren mit von der Partie. Wir wählten Partnerlook. Eine ähnliche Jeans und ein ähnlich glitzerndes schwarzes Oberteil, dazu Stiefel, unterstrichen unser Zwillingsdasein. In der „Nachteule", einem Bistro, zeigte ich Conny her wie eine Trophäe.
An diesem Abend lernten wir zwei Männer kennen. Willi kannte ich flüchtig vom Sehen. Ein 1,81 Meter großer sportlicher Typ, er spielte Handball, mit kurzen mittelblonden Haaren und einem so athletischen Körper wie George Clooney. Sein Freund Hansi ist ebenfalls attraktiv, einen Tick kleiner als Willi, hat dunkle Haare und viel Humor. Während Conny mit Hansi tanzte, unterhielten Willi und ich uns, so gut es bei der lauten Musik möglich war. Weder Conny noch mir stand der Sinn nach einer neuen Beziehung. Wir waren glücklich,

uns zu haben. Sonst brauchten wir niemanden mehr. Doch wir hatten viel Spaß zusammen. Die beiden Männer waren uns sympathisch. Es war klar, wir würden uns mit ihnen verabreden. Am nächsten Tag musste Conny wieder fahren. Das fühlte sich an wie Liebeskummer.

Ich war traurig, dass ich meine Zwillingsschwester nicht ganz für mich haben konnte. Ich malte mir aus, wie wir uns das nächste Mal sehen würden, wie sich Conny in Hansi verliebt und mit ihren Kindern nach Bad Pyrmont ziehen würde, wie wir eines Tages glücklich und zufrieden nah beieinander leben würden.

Wir telefonierten stundenlang und plauderten über Hansi und Willi.

„Hansi hat ein Auge auf dich geworfen. Er meinte zu Willi, dass du eine klasse Frau bist. Ich kann das nur bestätigen", erzählte ich Conny.

Die Situation bereitete uns Vergnügen.

„Nun haben wir endlich uns und dann verlieben wir uns in zwei Männer, die auch noch Kumpels sind. Gott sei Dank sind wir uns einig, wer wen nimmt. Stell' dir vor, wir wären beide in ein- und denselben verknallt", sagte Conny lachend zu mir.

Ich traf als erste eine Entscheidung und sah Willi jetzt regelmäßig. Wir verliebten uns. Ich zog von Michael weg und nahm mir eine kleine Wohnung mit meinen Kindern. Die Wochenenden verbrachten wir mit Willi, der unter der Woche in Göttingen Wirtschaftspädagogik studierte. Willi

akzeptierte meine Kinder sofort und liebte sie, als wären sie seine eigenen. Mehr und mehr wuchsen wir als Familie zusammen. Ich habe durch ihn die besten Schwiegereltern bekommen, die immer für uns da sind und helfen, wo sie nur können. Um ihre „Patchwork-Enkel" kümmern sie sich wie Oma und Opa.
Aufgrund der Distanz entwickelte sich die Beziehung zwischen Conny und Hansi langsamer. Bei einem ihrer Besuche in Bad Pyrmont wurden die beiden schließlich ein Paar.
„Eine Fernbeziehung ist auf Dauer nichts", meinte Conny bei einem unserer Telefonate zu mir und machte klar, sie würde ihre Heimat nicht Hals über Kopf verlassen. Hansi verließ Bad Pyrmont und zog nach Friedrichroda. Ich war sehr traurig, obwohl ich Conny nur zu gut verstehen konnte. Von da an besuchten wir uns im Wechsel, leider nicht mehr oft. Beide waren mit ihren neuen Familien beschäftigt.

Der erste Tag ohne Ulli war nicht lustig. Ich blies Trübsal. Die folgenden Tage verbrachte ich mit Briefeschreiben. Ich schilderte Ulli bis ins Detail meine Eindrücke und Empfindungen. Ulli lud mich für das zweite Advents-Wochenende nach Bad Pyrmont ein. Ich war begeistert, ihre Familie zu treffen. Ich erzählte es gleich meinem damaligen Freund Michael. Ein großer, blonder, gut aussehender und sehr charmanter Mann. Er arbeitete im Betrieb seines Vaters. Es gibt nichts an

ihm auszusetzen, aber wir sind uns zur falschen Zeit begegnet. Unsere Wege trennten sich bald wieder. Ulli war jetzt wichtiger als alles andere auf der Welt. Ich gebe zu, meine zurückgewonnene Schwester wirbelte mein Leben durcheinander. Ich freute mich so sehr, dass ich darüber andere, mir nahe Menschen, sehr verletzte. In dieser Zeit besiegte der Egoismus alles. Ich dachte innerlich: „Jetzt bin ich auch mal an der Reihe. Ich habe Glück verdient."
Als Michael und ich in Richtung Bad Pyrmont aufbrachen, ließ ich meine Kinder bei Oma und Opa. Es war nicht so, dass ich sie nicht dabei haben wollte. Aber ich wollte die Chance ergreifen, meine Neffen, Ullis Schwester Claudia und ihren Vater in Ruhe kennen zu lernen. Die Strecke zog sich wie Kaugummi. Ich schaute mir die Gegend an. Hier lebte also meine andere Hälfte. Bad Pyrmont, noch 19 Kilometer. Ich sah dieses Schild und bekam eiskalte Hände.
„Michael, bitte fahre erst nach Detmold. Ich brauche noch eine halbe Stunde", bat ich. Um mich abzulenken, kaufte ich mir in einem Laden in der Fußgängerzone schnell ein Paar Schuhe. Ich wurde nicht ruhiger. Es war nicht wegen Ulli. Ich grübelte wegen ihrer Familie. Wie werden sie sein? Mögen sie mich? Gönnen Sie mir Ulli überhaupt?
Als wir nach diesem Umweg in Bad Pyrmont ankamen, sah ich als erstes eine Videokamera auf mich gerichtet. Ich knallte die Beifahrertür zu, rannte auf das Haus zu. Ich wollte gerade

klingeln, da öffnete Ulli auch schon die Tür und fiel mir um den Hals. Im Hintergrund hörte ich ihren Vater raunen. Er war sichtbar überwältigt von uns im Doppelpack. Wir begrüßten uns alle sehr herzlich. Ich fühlte mich sehr wohl und willkommen. Meine Ängste waren verpufft. Es wurde ein unverkrampfter, sehr schöner Nachmittag, bei dem ich im Mittelpunkt stand.

Abends gingen Ulli und ich mit Claudia und einer Freundin aus. Ich war das Vorzeigeobjekt. In der „Nachteule" tranken wir Batida Kirsch und tanzten ausgelassen. Ich bemerkte, wie Gäste auf Ulli und mich zeigten. Es war für mich das schönste Gefühl der Welt zu sehen: „Wir erkennen sofort, dass ihr Zwillinge seid."

Nach ungefähr einer Stunde gesellten sich zwei Männer zu uns. „Ihr seid Zwillinge, oder?", quatschten sie uns an.

Das hörten wir gern und kamen ins Gespräch. Die Sympathiepunkte waren schnell vergeben. Ulli & Willi – Conny & Hansi. Wir genossen den Abend zu viert. Der Abschied am nächsten Tag schmerzte. Der wichtigste Teil von mir konnte leider nicht mit nach Friedrichroda. Ich wusste nicht, wann ich Ulli wiedersehen würde. Noch wenige Tage bis Weihnachten. Das Fest der Liebe. Ich hätte es so gerne mit Ulli gefeiert. Ich dachte: „Okay, wenn das nicht geht, lade ich sie zu Silvester ein." Ich rief sie an.

„Hast du Lust, gemeinsam mit mir ins neue Jahr zu starten?", fragte ich sie.

„Klar, das ist eine super Idee“, antwortete sie und machte mich glücklich.
Am Jahreswechsel hatten wir uns vorgenommen, uns häufiger zu sehen. Ulli erzählte mir von Hansi, den sie getroffen und der ihr von mir vorgeschwärmt hatte. Ich fühlte mich geschmeichelt. Ulli half unserem Glück auf die Sprünge. Hansi und ich wurden ein Paar. Die ersten fünf Monate führten wir eine Fernbeziehung. Da mein Motto bei Beziehungen „Ganz oder gar nicht“ lautet, war klar: Einer muss seine Brücken abbrechen.
„Hansi, ich kann hier nicht weg. Ich bin das einzige Kind. Meine Eltern brauchen mich. Sie waren immer für mich da, jetzt bin ich für sie da. Ich möchte nicht, dass sie mich verlieren“, sagte ich zu ihm.
Er brauchte eine kurze Bedenkzeit, dann hatte er sich entschieden.
„Ich ziehe zu dir“, sagte er eines Tages.
Ulli war die erste, die es erfuhr: „Ulli“, sagte ich während eines Telefonats freudestrahlend zu ihr, „Hansi zieht wegen mir in den Osten. Ich kann es gar nicht glauben.“
Wenige Wochen später zog Hansi bei mir ein. Es kam die Zeit, in der wir uns erst einmal um unsere neuen Partner kümmerten. Wir sahen uns nicht mehr oft, telefonierten jedoch regelmäßig und tauschten Neuigkeiten aus.

Geschwistertreffen

Während unserer Telefonate sprachen wir häufiger über unsere anderen Geschwister, unsere Schwester Manuela und unseren Bruder Ralf, und trafen eine Entscheidung. Wir wollten sie suchen und sehen.

„Wie packen wir das am besten an?“, fragten wir uns. „Ulli, ich kümmere mich darum.“

Nach dem Anruf im Jugendamt Sondershausen waren wir desillusioniert.

„Sie müssen einen schriftlichen Antrag stellen. Die Kontaktdaten erhalten Sie nur, wenn Manuela und Ralfs Eltern einverstanden sind“, sagte die Sachbearbeiterin. Der Aufwand war zu groß. Schließlich hatte es bei Ulli auch ohne bürokratischen Schreibkram funktioniert. Nun wurde Plan B aus der Schublade geholt. Conny rief bei der Bild-Zeitung an, weil wir damit auf einen Schlag sehr viele Menschen erreichen würden. Am nächsten Tag waren ein Redakteur und ein Fotograf vor Ort und zeichneten die Geschichte auf.

Es war im Frühjahr 1996, als der Aufruf gestartet wurde. „Wo sind Manuela und Ralf?“ Es dauerte keinen Tag, und die Redakteure hatten unsere Geschwister gefunden. Conny rief sofort bei der Zeitung an und bat um die Nummer.

„Wir geben sie Ihnen, aber erst möchten wir Ihre Schwester exklusiv interviewen“, sagte der zuständige Redakteur.

Drei Tage später sahen wir Manuela abgebildet in der Zeitung. Sie sieht aus wie wir mit dunklen Haaren. Später stellte sich heraus, dass jemand aus dem Bekanntenkreis den Aufruf gelesen und Manuela informiert hatte. Unsere Schwester meldete sich sofort beim Jugendamt und erhielt die Telefonnummer.
Conny kam ihr mit dem Anruf zuvor: „Als ich sie plötzlich in der Leitung hatte, weinten wir. Ich dachte nur: 26 Jahre lang bist du ein Einzelkind gewesen und dann hast du plötzlich viele Geschwister. Es ist irre."
„Manu ist sehr nett und aufgeschlossen", lobte Conny in den höchsten Tönen und richtete Ulli aus: „Sie ruft dich gleich an."
Selbstverständlich ist die emotionale Bindung zwischen uns Zwillingen unvergleichlich stärker. Nichtsdestotrotz war es ein gutes Gefühl, nun auch die zweite Schwester im Herzen zu tragen. Auf jeden Fall wollten wir in Kontakt bleiben und uns sehen.

Zwei Wochen später trafen sich Manuela und Ulli, die hier die erste Begegnung beschreibt:

Ich war glücklich. Aufgewühlt bestellte ich am Tag X meinen Vater und meine Freundin dazu. Ich wollte sie nicht allein empfangen. Conny konnte leider nicht dabei sein, weil sie zu weit weg wohnt. Manuela fuhr ein rotes BMW-Cabrio. Aus dem Auto stieg eine attraktive, zarte Frau – meine

Schwester. Ich riss die Tür auf und umarmte sie. Wir waren uns gleich sehr vertraut. Ich fühlte mich in ihrer Gegenwart wohl. Sie war mir nicht eine Sekunde fremd. Nach einer Weile gingen wir in die Eisdiele. Manuela und ich tauschten viele Details aus unserer Kindheit und Jugend aus. Meine Schwester erzählte viel über ihre Kindheit und Jugend bei unseren leiblichen Eltern. Es beruhigte und freute mich riesig, dass Manu heute so voller Leben ist. Als sie noch am selben Tag weiter zu einem wichtigen Termin nach Kassel aufbrechen musste, war ich traurig. Ich hätte gerne mehr Zeit mit ihr verbracht. Als sie weg war, rief ich sofort Conny an und berichtete ihr von dem äußerst angenehmen Treffen.

Mit Unterstützung der Bild-Zeitung und der Mitarbeiter des Jugendamtes fanden wir auch unsere Brüder Ralf, Tobias und Lars. Die Kennenlern-Show fand vor laufender Kamera statt. Eines Tages hatte ein Redakteur von „Explosiv" angerufen und begeistert vernommen, dass wir nicht nur uns, sondern alle Geschwister gefunden hatten

„Wir würden darüber gerne eine Sendung drehen", meinte er.

„Können Sie sich das vorstellen?"

Wir sagten auf der Stelle zu. Für uns war es die beste Gelegenheit, dass wir uns alle auf einmal treffen. Wir einigten uns auf Friedrichroda bei Conny, weil den Ort alle bequem erreichen konnten. Manu,

Tobias und Ralf wussten voneinander. Allerdings verschwiegen wir, dass wir Lars gefunden hatten. Die drei Geschwister dachten, wir würden ihn noch suchen.
Es wurde ein aufregender Tag. Das Fernsehteam klingelte zuerst, baute die Kamera auf und stellte das Licht ein.
„Die nächsten kommen“, riefen Hansi und Willi, die vom Fenster aus die Lage beobachteten.
Lars und seine Frau stiegen aus. Wir rannten auf ihn zu und umarmten ihn. Da die anderen überrascht werden sollten, versteckten wir sie im Kinderzimmer von Connys Tochter.
Nach und nach trudelten Manuela, Ralf und Tobias ein. Wir hatten alle Tränen in den Augen. Als sich alle Geschwister gesetzt hatten, nahmen wir uns an der Hand und sagten:
„Wir haben eine Überraschung für euch drei. Wir haben auch den letzten im Bunde gefunden. Lars, du kannst kommen.“
Der Kameramann hielt sehr intensive Momente der Zuneigung und Zufriedenheit fest. Nach einer Weile machten wir unsere Partner miteinander bekannt. Während des Kaffeetrinkens erzählte jeder von seinem Leben. Abends gingen wir mit den Fernsehleuten in ein Lokal, danach in eine Disko. Gegen 21 Uhr verabschiedete sich das Fernsehteam. Wir waren unter uns und erlebten einen entspannten Abend.
Es fällt auf, dass wir drei Frauen uns sehr ähneln. Manuela ist wie wir Zwillinge energiegeladen und

extrovertiert. Wie in unserem ist auch in ihrem Leben nicht alles glatt gelaufen. Es gibt Brüche im Job. Ursprünglich lernte sie Werbekauffrau, heute arbeitet sie in einer Bank. Und es gab Brüche in den Beziehungen. Anders als bei unseren Brüdern. Sie sind ruhiger als wir. Ihr Leben läuft glatt. Sie sind alle zum ersten Mal verheiratet und haben seit Jahren feste Jobs.

Wir sind sehr froh, alle Geschwister gefunden und getroffen zu haben. Wir mögen sie sehr und sind glücklich, dass es allen gut geht. Es wäre schön, wenn zumindest einmal im Jahr ein Geschwistertreffen zustande kommt.

Zu unseren leiblichen Eltern gibt es nicht viel zu sagen. Unser biologischer Vater ist Grafik-Designer, groß und dunkel. Die großen blauen Augen und die Kreativität haben wir von ihm. Unsere biologische Mutter hat unser Leben ein einziges Mal gekreuzt. Das war an dem Tag, an dem wir noch einmal in Sondershausen waren. Wir wollten uns mit einer leiblichen Tante treffen, die wir während der Suchaktion gefunden hatten. Wir liefen eine Straße entlang, da sagte sie zu uns: „Seht mal, da drüben, das ist eure leibliche Mutter."

Das ging alles so schnell, dass wir gar nicht richtig reagieren, geschweige denn mit ihr sprechen konnten. Wir können uns auch nicht erinnern, wie sie aussah. Die Zwillingsschwester nach 26 Jahren wiedersehen und die leibliche Mutter treffen - an einem Wochenende. Das war zu viel auf einmal.

Wir ließen uns ihre Telefonnummer geben. Ein einziges Mal telefonierte Ulli mit ihr:

„Ich musste sie anrufen. Ich dachte mir, dann ist alles geklärt und wir müssen nicht mehr so angestrengt darüber nachdenken. Wir wollten einen Schlussstrich ziehen und ihr das Gewissen erleichtern. Sie soll nicht irgendwann mit Schuldgefühlen sterben müssen. Hallo, ich bin es, Ihre Tochter. Ich hörte nur ein Räuspern, aber sie legte nicht auf. Sie können beruhigt sein. Wir sind Ihnen nicht böse, dass Sie uns als Babys weggegeben haben. Wir sind bei wunderbaren Eltern groß geworden. Während des Telefonats redete ununterbrochen ich. Am anderen Ende der Leitung war es still. Wenn Sie möchten, können Sie jederzeit entweder Conny oder mich anrufen. Danach beendeten wir das Telefonat. Ich musste mich sehr überwinden, ihre Nummer zu wählen. Jetzt war ich wie von einer Last befreit."

Sie hat nicht angerufen. Die Gründe für eine Adoption sind vielfältig. Wir vermuten, unsere Mutter war sehr jung und überfordert, weil sie allein gelassen wurde, so dass sie uns freiwillig weggab. Sie war überzeugt, bei einer Adoptivfamilie seien wir besser aufgehoben. Wir machen ihr keine Vorwürfe. Wir hatten von Kindesbeinen an ein gutes Leben bei unseren Eltern. Es fehlte uns an nichts.

Medienrummel

Der Aufruf in der Bild-Zeitung löste einen Presserummel aus. Wir genossen die Medienauftritte sehr. Wir dachten nicht: „Juhu, wir sind im Fernsehen. Wir werden Stars.“ Diese Reisen waren die einzige Möglichkeit, die andere Hälfte für sich allein zu haben. Und zwar regelmäßig. Von dieser Zweisamkeit konnten wir nie genug haben.
Nur wenige Tage, nachdem die Bild unsere Geschichte gedruckt hatte, rief ein Redakteur von RTL an. Wir sollten unsere Geschichte in der Sendung „Explosiv“ erzählen. Wir waren ziemlich aufgeregt und nahmen unsere Familien als moralische Unterstützung mit. Als die Sendung ausgestrahlt wurde, fanden wir es komisch, uns selbst im Fernsehen zu sehen und konnten bei manchen Einspielungen nicht mehr aufhören zu lachen. Wir bemerkten, dass wir ununterbrochen nickten und in den Schwingsesseln schaukelten, während die andere redete.
Weitere Fernsehsender meldeten sich, die Redakteure luden uns zu Talkshows und Wissenschafts-Sendungen ein, von Stern TV über Spiegel TV bis hin zu Kerner. Zeitungs-Redakteure interviewten uns. Alle waren sehr betroffen, sobald sie unsere Lebensgeschichte gehört hatten, und ermunterten uns:
„Diese Story ist unglaublich interessant. Da kann man ja ein Buch darüber schreiben. Sogar einen

Fernsehfilm könnte man drehen.“ Wie oft hörten wir diesen Satz in den vergangenen Jahren. Irgendwann ein Buch schreiben. Das nahmen wir uns vor. In einer Talkshow oder bei Zeitungs-Interviews war nie Platz für die vollständige Geschichte.

Wir hatten das Bedürfnis, die ganze Wahrheit zu erzählen. Die ganze Welt wollten wir an unserem Leben und an unseren Gefühlen teilhaben lassen. Alle sollten sehen, hören und lesen, wie wir getrennt wurden und wie wir uns schließlich wiedergefunden haben. Auf der Straße sprachen uns wildfremde Menschen an und schüttelten den Kopf, wenn wir erzählten, dass sich alles genauso zugetragen hat. Es waren so viele Medienauftritte, dass wir unmöglich alle aufzählen können. Wir sind uns jedoch einig, ein paar sollen extra erwähnt werden. Es waren schöne Erfahrungen. Ein sehr bewegender Moment war die Teilnahme an der Zwillings-Show „Zwei aus einem Ei“ in Köln. In der Sondersendung sollten möglichst viele Zwillingspärchen getestet werden. Über 1000 kamen zusammen. Es war wie ein großes Familienfest. Das Zauberband, das Zwillinge zusammenhält, durchströmte den Saal. Umgeben von Zwillingen erzählten wir unsere Geschichte.

Die ehrliche Anteilnahme berührte uns sehr. Zwillinge, Frauen wie Männer, standen vor uns und stammelten mit Tränen:

„Was hat man euch nur angetan? Das ist furchtbar. Wie habt ihr es nur ausgehalten, die ganzen Jahre

ohne den andern zu leben?“ Wir hatten zu dem Zeitpunkt der Show im April 2001 schon ein wenig Abstand gewonnen und trösteten die anderen: „Es ist nicht mehr tragisch. Wir haben uns doch jetzt. Das ist die Hauptsache.“
Darüber hinaus öffneten die Medien viele Türen. Nachdem unsere Geschichte unter dem Motto „Glückstest“ im Stern erschienen war, wurde bei einem sehr renommierten amerikanischen Zwillingsforscher das Interesse geweckt.
Prof. Bushart lud uns nach Boston zu wissenschaftlichen Untersuchungen ein. Wir waren das ideale Forschungsobjekt für das Institut für Genforschung und Ernährung. Was formt den Menschen? Die Gene oder doch die Umwelt? Das wollten die Forscher herausfinden. Bewiesen werden sollte, dass es keinen Unterschied zwischen getrennt und gemeinsam aufgewachsenen Zwillingen gibt. Dafür waren wir wie geschaffen: eineiige Zwillinge, die in einem Umfeld aufgewachsen sind, das sich stark voneinander unterscheidet. Wir hatten große Lust. Auch wir wollten wissen: Wie gleich sind wir wirklich?
Zwei Wochen Amerika! Nur wir beide! Ein Traum! Das Flugzeug startete im Februar 1997 in Frankfurt am Main. Nach acht Stunden landeten wir in Boston. Mitarbeiter des Instituts für Genforschung und Ernährung holten uns ab und brachten die „German Twins“ (Deutschen Zwillinge) zur Uni, wo wir herzlich empfangen wurden. Für uns waren

Einzelzimmer reserviert. Wir protestierten sofort lautstark. Bei unseren damals eher mangelhaften Englischkentnissen war es nicht leicht, verständlich zu machen, dass wir ein Zimmer teilen möchten. Irgendwie schafften wir es. Die Mitarbeiter schoben ein zweites Bett in einen Raum und wir konnten die Nächte miteinander verbringen.
Der Professor und eine Übersetzerin erklärten die Tests. Das Programm war straff: Blutabnahme, Urinproben, Wiegen, Belastungstests, Skelettaufbau, Wissenstests, Schonkost wie ein Stück Fleisch ohne Soße, ohne Beilagen. 14 Tage lang. Immer von 8 bis 16 Uhr. In den Pausen fuhren wir mit dem Aufzug in den Keller, rauchten hastig eine Zigarette und suchten schnell wieder das Weite. Das war unheimlich. Auf das Rauchen verzichten konnten wir jedoch auch nicht.
Von 16 bis 18 Uhr hatten wir zwei Stunden frei. Wir gingen in der Nähe der Uni shoppen. Weiter weg haben wir uns nicht getraut, weil wir Angst hatten, uns zu verlaufen. Jede hatte großzügige 500 Dollar Honorar plus Flug und Verpflegung erhalten. Wir gaben alles aus, kauften die gleichen Jeans, Tops und Schuhe. Am letzten Tag hatten wir keinen Dollar mehr, nur noch deutsches Geld. Wir brauchten dringend Zigaretten. Im Tabakladen redeten wir so lange auf den Verkäufer ein, bis er amüsiert die fünf D-Mark akzeptierte, die wir auf die Theke gelegt hatten. Abends in unserem Zimmer redeten wir bis tief in die Nacht.
Amerika hat uns sehr beeindruckt. Einmal fuhr

eine lange weiße Limousine die Straße entlang und hielt an. Wir blieben erwartungsfroh stehen und dachten: Jetzt steigt Michael Jackson oder Madonna aus. Es waren Theaterbesucher. In Amerika ist es normal, zu besonderen Anlässen ein Luxusauto zu mieten, wie uns ein Amerikaner erzählte.
Boston ist uns auch als der Ort in Erinnerung geblieben, an dem wir uns zum ersten Mal stritten. Da wurde uns wieder einmal bewusst: Wir sind gleich, fast zu gleich. Wir haben beide die Marotte, dass wir morgens die ersten im Bad sein möchten. Conny wachte eines Morgens auf, Ulli hatte noch die Augen zu, und sie nutzte die Gunst der Stunde. In dem Moment wachte Ulli auf und sprang aus dem Bett, weil sie zuvorkommen wollte. „Na gut, dann geh' du erst", akzeptierte Conny zähneknirschend. Ein richtiger Streit wurde es nicht. Es war eher Zickenalarm.
Zwei Monate später mailte uns Prof. Bushart die Ergebnisse. Verblüffend und beängstigend zugleich: Alles war gleich. Unsere Gene sind identisch. An Details können wir uns nicht mehr erinnern, weil wir die Mail irgendwann löschten. Der Wissenschaftler möge es uns verzeihen, doch die Auswertung haben wir als nicht besonders wichtig empfunden. Uns reichte es, grob zu wissen, was dabei herausgekommen ist. Wir durften zwei Wochen Amerika gemeinsam erleben. Das war entscheidend.
Im Mai 2007 wurden wir nach Saarbrücken

eingeladen. Der Zwillingsforscher Prof. Dr. Frank Spinath wollte uns testen. Es war aufregend, denn bei diesen Tests gab es viel zu lachen. Um unsere Reaktionen zu prüfen, lud er uns getrennt in ein Lokal ein. Während wir auf ihn warteten, bestellten wir ein Getränk. Die Bedienung brachte absichtlich das falsche. Conny bemerkte, dass sie nicht ihr Wunschgetränk bekam, sagte aber nichts. Ulli beschwerte sich: „Bringen Sie mir bitte das Wasser, das habe ich bestellt."
Darüber hinaus wurde geprüft, wie ähnlich unser Geschmack ist. Man zeigte uns Bilder von Stars und wir sollten uns für einen Prominenten entscheiden. Unser Favorit war George Clooney. Wir gingen getrennt shoppen und durften uns drei Oberteile aussuchen. Wir legten uns auf die gleichen fest. Schlichte, weiße und schwarze Tops mit Spaghettiträgern. Diese Gleichheit überwältigte uns.
Ein weiterer Höhepunkt war die dreitägige Reise nach Wien. Die österreichische Fernsehmoderatorin Vera Russwurm interviewte uns für ein neues Format. Wir trafen uns mit ihr in einem noblen Hotel und waren sehr angetan von ihrer herzlichen Art. Der Talk mit ihr war toll. Wir hatten das Gefühl, wir sitzen auf Wolken. Sie erzählte und wir dachten nur die ganze Zeit: Ja, genauso war es. Abends amüsierten wir uns im Musical.

Wir waren viel unterwegs. Unser Privatleben vernachlässigten wir nicht. Die verbliebene Zeit

gehörte ausschließlich unseren Familien und engsten Freunden, die für uns dazugehören. Wir bekamen beide noch Kinder. Connys und Hansis Sohn Oliver wurde am 24. Februar 1999 geboren. „Wir sind jetzt eine richtige Großfamilie. Ulli hat vier Kinder, ich drei. Die Cousinen und Cousins verstehen sich blendend. Besser geht's nicht."
Ullis und Willis Sohn Maximilian wurde am 16. August 2001 geboren. Florian kam am 18. März 2005 zur Welt.
„Willi freute sich riesig über unser erstes gemeinsames Kind und reagierte auch sehr gelassen, als ich mit Florian schwanger war. Ich war erst geschockt. Ich wollte kein viertes Kind. Eine Abtreibung wäre dennoch nie in Frage gekommen. Lieber vier Kinder auf dem Kissen als eins auf dem Gewissen, ist meine Einstellung. Heute bin ich die glücklichste Mutter und sehr stolz auf meine vier Jungs. Unsere Familie ist mir sehr wichtig."

Beruflich wagten wir einen Neuanfang. Wir verwirklichten unsere Träume. Conny machte eine Ausbildung zur Mediengestalterin in Viernau, einer der besten Schulen im Umkreis, die sie mit einem guten Ergebnis abschloss. Heute arbeitet sie, so gut es sich mit der Familie vereinbaren lässt, in diesem Beruf.
„Nun war alles perfekt. Ich habe meine Schwester, meine Familie und meinen Traumjob."

Ulli wollte endlich den Beruf erlernen, der Spaß macht und ihren Neigungen am besten entspricht. 1999 startete sie eine Umschulung zur Mediengestalterin für Digital- und Printmedien.
„Ich hatte in einer Werbeagentur in Höxter einen Ausbildungsplatz bekommen. In diesem kleinen Familienbetrieb fühlte ich mich sehr wohl. Mein Chef war klasse. Ein Bastler und sehr kreativ. Er war mein Vorbild und brachte mir sehr viel bei. Er traute mir etwas zu, vertraute mir sehr schwierige Aufgaben an, und half mir, wenn ich nicht weiter wusste. Er konnte Mitarbeiter sehr gut führen. Ich habe sehr viel bei ihm gelernt. Kurz vor meiner Abschlussprüfung erkrankte er an Krebs und starb drei Monate später. Ich konnte ihm noch erzählen, dass ich die theoretische Prüfung mit einem sehr guten Ergebnis bestanden hatte. Dass ich auch die praktische sehr gut schaffte, erlebte er leider nicht mehr mit. An seinem Grab weinte ich hemmungslos. Ich denke noch heute oft an ihn und bin traurig, dass es ihn nicht mehr gibt. Ich würde heute noch für ihn arbeiten."

Als Familien- und Berufsleben in trockenen Tüchern waren, reifte die Idee, unsere Geschichte aufzuschreiben. Unser Hauptmotiv war, allen Menschen Mut zu machen. Das Buch soll ein Aufruf zum Suchen und Finden sein. Es lohnt sich immer – egal, wie viele Jahre verloren gegangen sind. Im Haus der Literatur haben wir einen Verlag gefunden. Nachdem wir eine Anfrage gestartet hatten, riefen einige an. Wir entschieden uns für den HEPELO-Verlag und fuhren an einem zauberhaften Tag im März 2006 nach Riedlhütte, im tiefsten Bayerischen Wald.

„Das ist das Ergebnis. Unsere Geschichte mit Happy End. Wir sind glücklich. Noch glücklicher wären wir, wenn wir als Zwillinge den Alltag erleben könnten. Wir teilen alles. Meines und deines gibt es bei uns nicht. Nur unser Leben können wir nicht miteinander teilen. Wer weiß? Vielleicht würde es Theater geben, aber es wäre wunderbar, wenn die eine nur die Straße überqueren oder einen Ort weiter fahren müsste, um die andere zu sehen. Wir möchten immer füreinander da sein – in guten wie in schlechten Zeiten. Das ist unser größter Wunsch."

Vorläufiges Ende...

Wissenschaftliche Nachbemerkung

Das Reiss Profile™ - Die Neugier der Wissenschaft ist bei Zwillingen geweckt, weil es sozusagen eine „natürliche“ Möglichkeit gibt, eine Antwort zu erhalten auf die Frage: Zu welchem Teil ist der Mensch das Produkt seiner Gene, zu welchem Produkt seiner Erziehung und sonstiger Umwelteinflüsse? Manche Vertreter der forschenden Wissenschaft sind der Meinung, wenn eineiige Zwillinge sich in einem getesteten Merkmal als ähnlicher herausstellen als zweieiige, dann ist das eher auf die Gene zurückzuführen, wenn nicht, dann hat die Umwelt den entscheidenden Einfluss.

Anders ist das Vorgehen vom Psychologen Prof. Dr. Steven Reiss (Ohio State University) bei der Entwicklung der neutralen Motivationsanalyse gewesen. Der anerkannte Motivationsforscher und Testtheoretiker Reiss stellte fest, dass die forschende Psychologie bisher kein Werkzeug entwickelt hatte, um die menschlichen Wesensmerkmale zu benennen und individuell zu bestimmen. Gleich, ob Zwilling oder Einling, interessierte er sich für die grundsätzliche Frage „Was motiviert den Menschen?“. In umfangreichen empirischen Studien gelangte er zu der Erkenntnis, dass die Menschen über alle Kulturen, Rassen, Alter nach 16 Motiven - er nennt sie Lebensmotive - streben. Zu diesen 16 fundamentalen Bedürfnissen zählen

zum Beispiel Neugier, Anerkennung, Idealismus, Status.
DasErgebniswirdvonFachleutenalsbahnbrechend bezeichnet. Allen weiteren Studien und Referenztests zur Folge sind diese Lebens-motive situations- und zeitstabil. Sie sind von Geburt an vorhanden und in frühkindlicher Prägung festgelegt, das heißt nicht wirklich veränderbar. Diese individuell ausgeprägten Motive lassen den Menschen seine Umwelt entsprechend wahrnehmen: Emotionen, Werte, Überzeugungen sind nämlich mit den Motiven verbunden. Sie filtern sozusagen die Eindrücke und fokussieren, was uns wichtig ist beziehungsweise blenden aus, was uns nicht wichtig ist. Reiss stellte weiterhin fest, dass die Motive der automatische Impuls für Handlung sind. Je ähnlicher die Menschen in den Lebensmotiven sind, desto ähnlicher fühlen, bewerten und verhalten sich also zwei Menschen. Verhalten ist damit festgelegt und unverwechselbar, es sei denn, der Mensch lernt bewusst sein Verhalten in Abhängigkeit vom jeweiligen Umfeld anzupassen.
Conny und Ulli, die die ersten 26 Jahres ihres Lebens nicht miteinander verbracht haben, die sich daher nicht veranlasst sahen, sich zu individualisieren, was bei miteinander aufwachsenden Zwillingen auch vorkommt, haben ihre Leben mit vielen Parallelen unabhängig voneinander er- und gelebt, und zwar ganz wie es ihren Lebensmotiven, entspricht.

So verwundert es uns (Reiss Profile Master) nicht, dass beide Frauen im Alter von 19 Jahren das erste Kind bekamen. Auf der Suche nach dem was fehlte, sind sie aufgrund ihres hoch ausgeprägten Lebensmotivs Familie früh Mütter geworden. Und, beide haben mehr Kinder als der bundesdeutsche Durchschnitt.
Es verwundert uns ebenfalls nicht, dass beide auf der Suche nach „Ganzheit" auch einen großen Bekanntenkreis aufgebaut haben, denn ihnen ist der Kontakt mit anderen aufgrund ihres hoch ausgeprägten Lebensmotivs Beziehungen sehr wichtig.
Diese zwei Lebensmotive sind bei Conny und Ulli überdurchschnittlich stark ausgeprägt und zwar nahezu identisch.
Stand heute und insbesondere mit den Ergebnissen der vielen tausend Profile sehen wir im Profilvergleich der beiden eine sehr große Übereinstimmung in ihren Wesensmerkmalen, die zu einem sehr ähnlichen bis identischen Geschmack führen: Seit ihrem 14. Lebensjahr tragen sie die gleiche Frisur: lange, blond gefärbte Haare. Die Frauen lieben Kontraste, in der Kleidung von elegant bis lässig. Sie lieben es ungewöhnlich: In der Wohnungseinrichtung wählten sie beide peppige Farbkombinationen (wohlgemerkt dieselben Farbkombinationen!) für die langweiligen Funktionsräume. Und beide mögen Ausgefallenes, beide leben mit einer Schaufensterpuppe.
Eine so starke Übereinstimmung bei einem

Großteil der 16 Lebensmotive wie bei Conny und Ulli findet man selten, nicht aber, wenn die „genetische Quelle" dieselbe ist. Wirklich bemerkenswert jedoch ist, dass sie trotz der äußeren Lebensumstände, die unterschiedlicher nicht hätten sein können, ähnlich fühlen, ähnliche Werte haben und sich ähnlich verhalten.
Die eingangs gestellte These, dass die in der Zwillingsforschung unähnlich getesteten Merkmale Wesenszüge seien, auf die die Umwelt einen entscheidenden Einfluss hatte, können wir aus den Erkenntnissen nach Reiss nicht bestätigen.
Auch Conny und Ulli unterscheiden sich in einem Lebensmotiv ausgesprochen stark voneinander: Während die eine gerne entscheidet, ist es der anderen einfach nicht wichtig! Bei Zwillingspaaren, die gemeinsam aufgewachsen sind, wird durch Erzählungen der Eltern und Geschwister klar, dass Unterschiede in der Persönlichkeit wie zum Beispiel Entscheidungsfreude schon sehr früh „sichtbar" waren. Andererseits bewirkt die gleiche Erziehung nicht, dass Kinder gleich reagieren. Viele Eltern können davon wohl ein Lied singen. Es liegt einfach daran, dass die Lebensmotive Eindrücke der Umwelt filtern und Handlungen aus einem automatischen Impuls heraus erfolgen.
Die Theorie der 16 Lebensmotive ist ein wissenschaftlich umfassender Ansatz zur Analyse des menschlichen Verhaltens, der jederzeit überprüft werden kann. Wer der Theorie nicht zustimmt,

kann die entsprechende Forschung betreiben. Sollten sich Aspekte der Theorie als unhaltbar erweisen, wird sie angemessen umformuliert.
(Monika Janzon, eineiiger Zwilling und Zwillingscoach,
Reiss Profile™ Master
Reiss Profile™ Master Instructor; Institut für Persönlichkeitsforschung, www.kreatives.de)

Danke an …

Frau Finke vom Jugendamt Sondershausen für ihre Hilfe bei der Suche nach Conny.

die Redakteure zahlloser Medien für die größtenteils einfühlsame Berichterstattung.

Prof. Bushart und Prof. Spinath für ihr Forschungsinteresse an uns und den damit verbundenen Einladungen nach Boston und Saarbrücken, die uns unvergessliche Momente zu zweit ermöglichten.

Cornelia Rist, die uns bei diesem Buch mit Rat, Tat und Wort zur Seite gestanden hat.

Last, but not least an unsere Liebsten Willi und Hansi, an unsere Eltern, an unsere Schwiegereltern, an Claudia, Sonja, Elke, Kerstin und Ina sowie an unsere Kinder für ihre grenzenlose Unterstützung und Liebe.

Genedia® AG

Biotec Services and Products
Schwanthalerstr. 60
D-80336 München

Service-Nr.: 0180 - 5 43 63 34
Tel.: 089 – 54 34 48 0
Fax.: 089 – 54 34 48 20
Homepage: www.genedia.de

Zwillings-Zertifikat

Zwillingspaar Nr. 298

Rot		Blau	
CYAR-10	CYAR-12	CYAR-10	CYAR-12
D18-14	D18-16	D18-14	D18-16
D21-28	D21-30.2	D21-28	D21-30.2
D3-16	D3-18	D3-16	D3-18
D7-11	D7-11	D7-11	D7-11
TH01-6	TH01-7	TH01-6	TH01-7
VWA-17	VWA-19	VWA-17	VWA-19

Ergebnis:

Eineiige Zwillinge*

* Erläuterungen zum Befund s. Rückseite

Zwillingstest mittels DNA-Analyse

Allgemeine Informationen

Unter Zwillingen versteht man die gleichzeitige Entwicklung von 2 Kindern im Verlauf der Schwangerschaft. Zwillinge können entweder eineiig oder zweieiig sein. Auch gleichgeschlechtliche Zwillinge sind nicht immer eineiig.

Mittels der DNA-Analyse steht eine Methode zur Verfügung, die es ermöglicht den Verwandtschaftsgrad zu untersuchen und so genau zu bestimmen, ob ein Zwillingspaar eineiig oder zweieiig ist.

Eineiige Zwillinge

Eineiige Zwillinge entstehen durch die Befruchtung einer Eizelle , die sich sehr früh in ihrer Entwicklung in zwei selbständig entwicklungsfähige Teile teilt. Eine Teilung nur wenige Stunden nach der Befruchtung führt zu einer voneinander unabhängigen Tubenwanderung und Einnistung in die Gebärmutter. Beide Zwillinge besitzen ihre eigene Fruchthöhle und eigene Plazenta (Dichoriaten-Diamnioten). Die eher seltene Teilung in der Gebärmutter nach Ausbildung der Fruchthöhle bedingt eine Entwicklung beider Zwillinge in der selben Fruchthöhle über eine Plazenta (Monochoriaten-Monoamnioten). Teilen sich beide Kinder eine Plazenta, können ihre Blutkreisläufe miteinander verbunden sein.

Eineiige Zwillinge haben immer das gleiche Geschlecht und sind in ihrem DNA-Muster völlig identisch.

Zweieiige Zwillinge

Zweieiige Zwillinge entstehen durch die Befruchtung zweier Eizellen, die sowohl aus einem als auch aus beiden Eierstöcken stammen können. Zweieiige Zwillinge haben daher immer eine eigene Fruchthöhle und eine eigene Plazenta, sie sind immer Dichoriaten-Diamnioten.

Zweieiige Zwillinge können gleichen oder ungleichen Geschlechts sein. Sie unterscheiden sich in ihrem DNA-Muster.

DNA-Analyse

Die DNS (Desoxyribonukleinsäure, engl. DNA) ist in jedem Kern menschlicher Körperzellen enthalten. Sie ist in den 23 Chromosomenpaaren organisiert und bestimmt unsere körperlichen Merkmale.

Grundsätzlich erfolgt die Untersuchung an hochvariablen Stellen im Erbgut. Die große Variabilität ist bedingt durch die Koexistenz von zahlreichen Längenvarianten (eine Längenvariante = ein Allel) an den untersuchten DNA-Abschnitten (DNA-Loci, Einzahl DNA-Lokus). Untersucht man einen definierten DNA-Lokus bei vielen Menschen aus z.B. der deutschen Bevölkerung, so findet man, dass dieser DNA-Abschnitt in zahlreichen Längenvarianten (also Allelen) vorliegt. Man spricht von einem sog. DNA-Fragmentlängenpolymorphismus.

Die Analyse mehrerer solcher DNA-Loci, entweder gleichzeitig (Multi-Lokus DNA-Fingerabdruck) oder jeweils einzeln (Einzel-Lokus Analyse), typisiert einen Menschen durch die ihm eigene Kombination von Längenvarianten (Allelen). Durch die DNA-Analyse entsteht somit ein personenspezifisches DNA-Fragmentmuster, das in Analogie zum Fingerbeerenmuster als „genetischer Fingerabdruck" bezeichnet wird.

Ergebnis

Die Begutachtung erfolgte über die Analyse von 7 Einzel-Lokus DNA-Systemen (STR-Loci) (s. Tabelle Vorderseite). An allen untersuchten DNA-Abschnitten (DNA-Loci) findet sich bei Ihnen eine vollständige Übereinstimmung des DNA-Musters.

Damit ist Ihre Eineiigkeit praktisch erwiesen.

Das Gutachten wurde mit der Methode des Einzel-Lokus DNA-Fingerabdruckes erstellt.

Haas

Dr. H. Haas

Genedia. AG
Biotech Services and Products
Schwanthalerstr. 60
D-80336 München

Tel.: 089-54 34 48 0
Fax.: 089-54 34 48-20
E-Mail: info@genedia.de
Homepage: www.genedia.de

Bisher im HEPELO-VERLAG erschienen:

Heiko Langer, Peter Spranger,
Lothar Wandtner
Das Buch zur Schnee-
katastrophe im Februar 2006
im Bayerischen Wald
200 Seiten
über 230 farbige Abb.
ISBN: 978-3-9811254-0-5
19,80 Euro

Christian Fischer
Korbinian, der Königsbaum
Ein Waldmärchen
132 Seiten
16 s/w-Abbildungen
ISBN: 978-3-9811254-1-2
12,80 Euro

Julienne Weißflog
Joshi und Sam entdecken die Welt
Im Tiergarten Straubing
36 Seiten, 42 farbige Abb.
ISBN: 978-3-9811254-3-6
9,80 Euro

Demnächst: Manfred Zirngibl, Alexander Kubetz
panga na visu, Afrikanische Schwerter und Messer
ISBN: 978-3-9811254-2-9